한 장만 넘기세요.

흔한 재료도 근사한 요리가 되는 마법,

지금 시작합니다!

Home – cooked meal

★ 맨날 쓰는 같은 재료와 메뉴로 다른 맛의 진수를 만난다! ★

묘식당의 신박한 가정간편식

20만 구독자가 검증을 마친 집밥고수 묘식당의 신박한 매일요리 레시피

이용경 지음
(유튜버 묘식당)

BM 황금부엉이

Review

5,500만 뷰 묘식당 레시피,
먼저 따라 해본 사람들의 이야기

지금껏 봤던 요거트와 그릭요거트 중 젤 쉬운 방법이네요! hon*

이 영상 보고 잘 활용하고 있습니다.
너무 편하고 좋아요. Tree*****

간단하고 따라 하기 쉽고, 맛도 있겠네요. 벌써 군침이 도는데요.
설명도 편안하게 잘 들리네요. leelight*********

간단하고
깔끔해요. 데*

오늘 해 먹었는데 굉장히 고급진 맛이에요.
여러분들도 꼭 해보길 추천해요. 루이*

정말 맛있어요!!!
아이들이 계속 달래요. 173*****

비싼 요거트 대신 집에서 나만의 레시피로 해 먹을 간편한 요거트라니.
아무나 해 먹을 수 있는 간편함이네요. 하*

웬만한 장아찌소스는 이걸로 정착했어요.
넘 맛있어요. ilsm***

요거 오늘 했는데 대박이에요! ji*******

어제 만들어봤는데 요알못이 하기에 간단하고
따라 하기 쉬워서 좋았어요.
덕분에 맛있게 밥을 해 먹었네요~ ^^ laura*******

정말 간단한데 건강한 소스 뚝딱 탄생이네용!!
사라다 항상 부담스러웠는데 이렇게 먹으면 부담 없이
마음껏 먹을 수 있겠어요. nuli****

지혜로운 요리네요. 질리지 않고 맛있게 먹을 수 있고,
어떤 요리하고도 잘 어울려요.
앞으로 최애 요리가 될 거 같아요. nuli****

정말 까다로운 우리 아들도 맛있다고 해서 아주 좋았답니다. 아카*

방금 해봤는데 품격 있는 맛이랄까.
은은한 마늘향까지 전혀 느끼하지 않아요. 강추해요! 김숙*

넘 맛있어요.
오도독 씹히는 맛이 재미도 입안 즐거움도
밥도둑이네요. 손이 자꾸 가요. 노귀*

요 레시피대로 해보니까 너무 맛있어요.
순식간에 사라져요. sang************

맛있어요

이거 해 먹었는데.
너무 맛나요~. my*********

6살 딸, 8개월 아들 둘 다 너무 잘 먹어요.
감사합니당. hs*********

저, 이거 두 번 해 먹었어요.
정말 아작아작 소리가 기가 막히네요.
너무 맛납니다. 꼭 해 드세요. 강추예요. 김혜*

맛있게 잘 만들었답니다. 감사합니다. 이정*

와, 진짜 너어어어어어어어무 맛있어요!
아이도 저도 잘 먹었습니다. eun*******

요즘 건강식 식단으로 바꿔서 먹고 있는데 좋은 방법이네요.
저녁으로 먹으면 좋겠어요. MD******

당근을 꾸준히 먹기 위해 찾아본 레시피!
제가 원하던 맛이에요.
새콤 아삭 물리지 않아요. 한윤*

영상 보더니 남편이 다이어트하겠다고 저한테 보여주네요.
당장 오늘 저녁부터 준비해 달랍니다. Th**

건강해요

자극적이지 않아서 샐러드처럼 아구아구 먹었어용~.
앞으로도 자주 해 먹을 맛입니다. 이정*

다이어트하려고 당근 10kg 주문하고 어떻게 다 먹을지 걱정했는데
너무 맛있고 간단하네요. 좋***

요 레시피 정말 대박이에요.
시간이 지날수록 더 아삭거려요. 이현*

덕분에 호다닥 도시락 반찬 하나 잘 만들었네요. ^-^
파마늘 기름 내서 그대로 버무려 주는 거
너무 꿀팁이었어요. black*********

사과랑 양배추 늘 냉장고에 있는데
만들기 간단해 보여서 한번 해 먹어 봐야겠어요!
샌드위치로 해도 맛있을 거 같아요. moon****

꿀팁이에요

양파 없는 오이무침 찾아보다가 따라 해봤는데
정말 맛있네요! 매운 거 잘 못 먹는 아이가 가장 잘 먹었어요. 빛*

신선한 레시피 감사드립니다! 당근 요리 중 최고입니다! min********

책에 넣을 요리하다가 잠깐 누웠는데,
이런 사진이 찍혔습니다.
오이 꼭 쥐고 있는 거 킹받음.

Prologue

우리 엄마는 무척이나 바쁜 워킹맘이었습니다. 학교 갔다가 집에 와도 드라마에 나오는 것처럼 과자와 우유를 챙겨주는 사람은 없었어요. 식탐이 많던 저는 삼시 세끼로는 부족해서 다섯 끼는 먹어야 했는데, 그러다 보니 요리조리 궁리해서 요리하는 걸 좋아하게 되었습니다.

'신박하다'라는 평을 듣는 제 요리가 8살 때부터 싹을 보였던 걸까요? 핫도그 속을 파내고 안에 볶음밥 넣기, 달걀 거품 내서 아이스크림 만들기, 한 번은 쿠키를 만든다며, 집에 있는 밀가루를 반죽해서 버터랑 식용유를 잔뜩 넣고 딸기잼까지 야무지게 올려 프라이팬에 구운 적도 있어요. 맛이요? 음, 여러분이 지금 상상하는 그 맛이었습니다.

낭만은 여기까지. 2022년에 '묘식당'이라는 요리 채널을 시작했는데, 어린 시절의 결실은 아니었습니다. 코로나 이후 형편이 너무 안 좋아지면서 뭐라도 해야겠다는 절박한 도전이었지요. 낮에는 직장에서 일하고, 나머지 시간에는 부지런히 요리하며 영상을 채웠습니다.

미친 듯이 촬영했던 것 같아요. 형편상 재료비를 무작정 쓸 수도 없는 노릇이라 비교적 저렴한 채소 요리 위주였어요. 아이러니하게도 이 채소 위주의 콘셉트 덕분에 지금까지 많은 구독자들과 함께하게 되었습니다. 실제로 제 유튜브 '떡상' 영상들은 다 저렴한 채소 활용요리들입니다.

유튜브 초기에는 그저 제 개인적인 살림과 생존 문제였는데, 채널이 커지면서 구독자들이 많아지니 요리 하나에도 책임감이 들기 시작하더군요. 설탕이나 기름을 사용하면 당과 콜레스테롤을 걱정하고, 밀가루가 들어가면 소화가 안 된다는 말들이 댓글로 전해졌습니다.

그래서 설탕 대신 사탕수수 원당이나 천연 감미료를 사용하고, 온갖 조미료와 식재료, 주방도구를 살피면서 여기까지 왔습니다. 영상에 달리는 고맙다는 댓글과 수많은 질문을 보면서 더 열심히 공부하고 연구해서 좋은 콘텐츠로 답해야 했으니까요. 어느새 맨날 쓰는 식재료를 사용해 새로운 요리, 건강한 요리를 보여주는 게 제 트레이드마크가 되었습니다.

출판사에서 요리책을 만들자는 요청이 왔을 때, 어떤 요리를 보여줘야 할지 고민이 많았습니다. 하지만 아무리 고민해도 저한테 없는 걸 보여줄 수는 없더라고요. 그래서 두 아이를 키운 엄마로서, 맞벌이 주부로서, 또 이제는 요리가 하루 일의 대부분이 돼버린 가정요리 전문가로서 하루 집밥을 제안해 보자고 결심했습니다.

간단하면서 건강을 해치지 않는 요리를 좋아하는 제 구독자들 성향처럼 구하기 어려운 재료나 복잡한 과정 없이, 하지만 꾸준히 계속할 수 있는 요리들을 하나하나 고심해서 정했습니다. 눈요기용으로 한 번 보고 덮는 게 아니라 냉장고에 맨날 있는 달걀 하나, 오이 하나로도 새로운 여러 요리를 할 수 있게 만들고 싶었습니다.

'레시피야 당연하고, 장보기 전후 할 일도 넣고, 알아두면 바쁠 때 요긴한 에프로 달걀 굽는 법도 넣고, 참, 냉장고에 오래된 재료들 활용하는 것도 알려줘야지.'

왜 이리 챙길 것이 많던지요. 반년이 넘는 동안 셀 수 없는 시행착오를 거쳐 완성했으니, 이 책이 나달나달할 때까지 잘 써먹어 주었으면, 그래서 살림에 진짜 도움이 되었으면 정말 좋겠습니다. 어려운 시기를 버텼던 제 경험 때문인지 이 책을 만들면서 과하게 진심이었던 것 같아요. 결국은 여러분 모두 다 잘될 겁니다. 냉장고 뒤져서 맛난 밥 한 끼 해 먹고 힘내세요.

요식당 。 이용경

차례

009	왕초보도 요리 천재로 만들어 줄 만능소스 18가지
018	살림은 장비빨! 있으면 정말 편해지는 주방도구 추천과 고르는 기준
020	진짜 고추장, 가짜 고추장? 어느 날 문득 양념 성분표가 눈에 들어왔다면!

Chapter 1 그렇게나 어려운 아침 한 끼

026	**살림팁** 시간을 아끼는 방법 1. 다시육수 준비
027	**살림팁** 시간을 아끼는 방법 2. 매일 쓰는 식재료 밀프렙
030	**만능소스** 아직도 드레싱 사나요? 샐러드드레싱 3가지
032	**만능소스** 만능 토마토소스 – 수프, 피자, 파스타 등 다양한 서양 요리
034	밥 없이도 완벽한 캐슈너트 미역국 **묘식당 Pick!**
036	슴슴하고 속 편한 순두부 뭇국 **묘식당 Pick!**
038	해장국집 왜 가? 얼큰 뜨끈 차돌육개장
040	아침부터 가마솥? 초간단 닭곰탕
042	오늘은 달콤하게 시작, 양파 고구마수프 **묘식당 Pick!**
044	오늘은 이탈리아 맛! 토마토수프 **묘식당 Pick!**
046	세계 3대 샐러드, 시라즈 **묘식당 Pick!**
048	단백질 가득 치킨 에그 샐러드
050	건강 궁합 천생연분, 양배추 사과 샐러드 **묘식당 Pick!**
052	수프로, 덧밥으로 한국식 마파 순두부 **묘식당 Pick!**
054	아침으로, 도시락으로 볶음김치 주먹밥
056	세상 귀찮은 날, 밥 부리토
058	오늘따라 아무것도 없네? 접어 먹는 참치김밥
060	집에 남자가 둘 이상이라면 불고기샌드위치

뭐, 뭐요.
요리하다 쉬는 사람 처음 봐요?

Chapter 2 채소 요리

064 **살림팁** 버릴 것 없는 식재료 손질법 - 대파, 마늘, 청양고추, 양배추
068 **살림팁** 식단 짤 때 참고하세요. 제철 채소 가이드
070 **살림팁** 한 번에 4가지 나물 만들기
072 **만능소스** 만능 장아찌소스 - 끓일 필요 없다! 짠 내 없이 산뜻
074 **만능소스** 만능 김치볶음 - 덮밥, 주먹밥, 비빔밥, 김밥, 맨밥에도 OK!
076 **만능소스** 만능 당근김치 - 프랑스 당근 라페? 한국엔! 묘식당 Pick!

078 봄이 어떤 맛인지 궁금할 때, 냉이밥과 냉이김밥 묘식당 Pick!
082 사계절 비상식, 양배추 덮밥
084 한정식집 생각나는 깻잎 간장 국수
086 여름이구나, 둥근 호박 고추장찌개
088 오이 한 바구니 사 왔다면, 오이무침 3가지
  ❶ 참깨 소스 오이무침
  ❷ 오이양파 샐러드무침
  ❸ 아코디언 오이무침
092 다이어트부터 손님상까지 오이두부 월남쌈
094 가지의 재발견, 가지소박이 묘식당 Pick!
096 식감이 예술인 오이장아찌 묘식당 Pick!
098 맵싸하고 개운한 꽈리고추채 장아찌 묘식당 Pick!
100 라면 끓일 줄 아세요? 그렇다면 3분 잡채
104 그거 말고 이번 명절엔 아삭이고추전 묘식당 Pick!
106 가을이구나, 무배추전
108 겨울이구나, 감자 무조림
110 쭉쭉 늘어나는 아코디언 무조림
112 한 끗 다른 토마토 마리네이드
114 밀가루와 첨가물 없이 토마토 감자 팬케이크 묘식당 Pick!
116 밀가루와 첨가물 없이 초간단 고구마 쿠키
118 밀가루와 첨가물 없이 시금치 달걀빵 묘식당 Pick!
120 밀가루와 첨가물 없이 고구마 감자호떡

Chapter 3 달걀과 두부

124	**살림팁** 달걀, 어떤 거 사세요? - 구매부터 보관까지	
126	**살림팁** 두부, 어떤 거 사세요? - 구매부터 보관까지	
127	**살림팁** 에어프라이어로 초간단 구운 달걀 만들기	
128	입맛 없고 소화 안 될 때, 간장양념 수란찜	
130	전자레인지 5분! 채소 가득 달걀찜	
132	딴 반찬 필요 없는 반숙 달걀장	
134	술안주로, 손님상으로 숙주나물 두부구이	묘식당 Pick!
136	짜지 않아 더 좋은 두부 강된장	묘식당 Pick!
138	밥 없는 두부 비빔밥	
140	고기 없는 두부 잡채	
142	밥 없이 버섯 가득 두부 카레	묘식당 Pick!
144	라면 끓일 줄 아세요? 그렇다면 달걀 파스타	
146	한 끗 다른 에그 인 헬	묘식당 Pick!
148	비건 순두부 마요네즈 샐러드	묘식당 Pick!
150	다이어트부터 영양식까지 고구마 두부수프	
152	빵 없는 두부 토스트	
154	에어프라이어 20분! 베이컨 달걀빵	묘식당 Pick!
156	전자레인지 2분! 땅콩버터 달걀빵	

힘들 때 웃는 건 일류다.
그러나 힘들 때 먹는 건 육류다.

Chapter 4 고기 요리

160	**살림팁** 해외 가서 장 볼 때도 주눅 들지 말자 – 요리별 고기 부위 장보기	
162	**살림팁** 고기, 오래 신선하게 먹으려면? – 손질부터 해동까지	
164	**만능소스** 만능 간장 양념장 – 불고기, 갈비찜, LA갈비, 잡채 등 모든 고기 요리	
165	**만능소스** 만능 매운 양념장 – 제육볶음, 닭볶음탕, 갈치조림 등 모든 매운 요리	
166	국물 없이 쫄깃한 오삼 불고기	
168	사과도 배도 없을 때 콜라 제육볶음	
170	아직도 시판 양념 사나요? 초간단 갈비찜	
172	매운 거 못 먹는다면 데리야키 치킨구이	
174	마늘종의 재발견, 돼지고기 마늘종 덮밥	
176	호불호 없는 한 끼, 냉동 우삼겹 부추 솥밥 **묘식당 Pick!**	
178	버튼만 누르면 끝! 전기밥솥 소고기 가지 솥밥	
180	버튼만 누르면 끝! 전기밥솥 보쌈	
182	태백 향토 음식, 물닭갈비 샤부샤부	
184	속 편하고 든든한 치킨 월남쌈	
186	카레의 진화, 버터 치킨 커리 **묘식당 Pick!**	
188	여름철 계곡 생각나는 얼큰한 닭볶음탕	
190	손님상 추천! 소고기 채소말이찜	
192	대장금 소환되는? 홍시 돼지목살 김치찜 **묘식당 Pick!**	

Chapter 5 해물 요리

196	**살림팁**	식단 짤 때 참고하세요. 제철 해물 가이드
198	**살림팁**	생선 비린내 안 나게 굽는 최종 방법
200	**만능소스**	데리야키 소스 – 해물부터 고기까지 맵지 않은 감칠맛!
201	**만능소스**	만능 짜장 소스 – 사계절을 책임질 비상식

202	여름에는 무 대신 감자로 갈치조림
204	겨울의 훌륭한 한 접시, 삼치 데리야키 스테이크 묘식당 Pick!
206	이보다 쉬울 순 없다! 꽁치통조림 김치찌개
208	생선가게 비밀 레시피, 끓이지 않는 초간단 간장게장
211	냉동꽃게 맞아? 비린내 제로 꽃게탕
214	평생 써먹는 포장마차 홍합탕
216	지중해식 토마토 바지락 샐러드 묘식당 Pick!
218	오늘은 유럽 맛! 스페인 해산물 빠에야
220	고급 중식당 부럽지 않은 해물 짜장
222	지갑 눈치 볼 필요 없는 크림새우 묘식당 Pick!
224	오늘은 태국 맛! 태국식 크래미 커리
226	봄비 오시는 날에는 미나리 건새우 부침개
228	그거 말고 이번 명절엔 새우전 묘식당 Pick!
230	젓가락 바빠지는 오징어 김치부침개

차가운 해물 샐러드? 이게 맛있을까 싶지만 맛있습니다!

Chapter 6 냉장고 속 묵은 재료 부활 요리

235 **살림팁** 식단 짤 때 참고하세요. 육해공 재료별 냉동실 보관기간

236 묵은 김이 울고 있다 - 김무침 & 김냉국
238 식빵이 냉동실 미라가 되고 있다 - 대파계란빵
240 떡국떡이 남아돈다 - 크림파스타
242 찬밥이 남아돈다 - 냉동밥 누룽지 피자
244 냉동만두가 남아돈다 - 냉동만두 부리토
246 우유가 남아돈다 - 전기밥솥 그릭요거트
248 냉동과일이 남아돈다 - 끓이지 않는 과일청, 전기밥솥 쨈
250 만두피가 울고 있다 - 대파빵

○ 이 책에서는 비정제 원당과 양조간장을 사용해요.
○ 이 책의 계량은 밥숟가락과 종이컵이에요.

밥숟가락 1큰술

밥숟가락 1큰술은 보통 12㎖ 정도예요. 표준 계량스푼 1큰술은 15㎖, 1작은술은 5㎖로, 양이 적으니 참고하세요.

종이컵 1컵

시중 종이컵은 보통 160~200㎖ 사이인데, 이 책에서는 160㎖ 종이컵을 사용했습니다. 그래서 각자 집에 있는 종이컵을 사용하면 책과 조금 다를 수도 있어요. 중요한 건 종이컵 1컵, 2컵의 비율이니 비율로 만들면 됩니다.

한 줌

'한 줌'은 손으로 가볍게 쥐었을 때의 양인데, 손 크기나 채소에 따라 달라서 애매해요. 정확히 딱 맞출 필요 없으니 편하게 요리하세요. 조금 더 들어가거나 덜 들어가도 맛에 큰 차이는 없답니다.

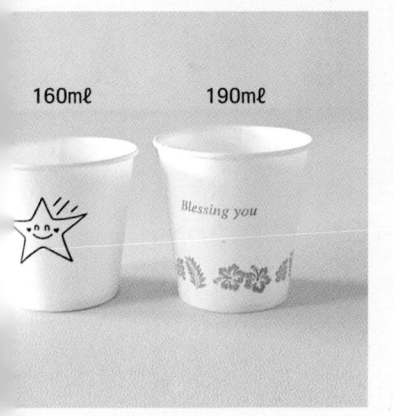

이 책을 써먹는 방법

이 책의 목표 중 하나는 '현실적인 절약'이에요. 절약하되 맛있는 게 중요하니까요.
억지로 가격에 맞추거나 뻔한 메뉴가 지겹다면 도움이 될 레시피가 가득합니다. 재료 순으로 정리했으니
냉장고 뒤져서 나온 재료로 뭘 만들 수 있는지 책을 뒤적여 보세요.

 Chapter 1 아침 한 끼

 Chapter 2 채소 요리

 Chapter 3 달걀과 두부

 Chapter 4 고기 요리

 Chapter 5 해물 요리

 Chapter 6 냉장고 부활 요리

○ **살림팁**
제철 채소, 제철 해물부터 다시육수 만드는 법까지
다양한 팁을 확인할 수 있어요!

식단 짤 때 참고하세요!
제철 채소 가이드

시장이나 마트에 갔을 때 여기저기 가장 많이 보이는 채소가 '제철 채소'잖아요. 사실 요즘은 제철이라는 게 별 의미 없다고 생각할 수 있어요. 가격이 좀 비싸긴 해도 언제든 원하는 식재료를 구할 수 있으니까요.
그런데도 이 내용을 정리하는 건 아무래도 제철 재료가 주는 신선함과 영양을 대신할 순 없기 때문이에요. 당연히 가격도 저렴하니 살림에도 도움이 되고요. 자주 사용하는 채소를 골라 아래 정리해 두었으니 참고하세요.
제철 재료는 물이 제대로 올라 달큰하니까, 간을 맞출 때 설탕이나 소금 등의 양념을 더 하거나 덜 넣는 식으로 재료의 맛을 살려보세요.

봄
냉이(3~4월)
봄 양배추(3~5월)
부추(3~9월)
양파, 마늘(4~6월)
마늘쫑(5월)
피망, 파프리카(늦봄~초여름)
청경채 (봄~가을)

여름
오이, 가지(4~8월)
감자(6~9월)
상추, 애호박, 햇쌀, 꽈리고추(6~10월)
토마토, 조선호박(7~9월)

가을
고구마(8~10월)
가을 양배추(9~11월)
대파, 쪽파(9~12월)
무(11월 이후)
배추(11~12월)

겨울
브로콜리(11~3월)
당근(11~2월)
시금치(11~3월)

출처: 농림축산식품부 – 농식품정보누리, 네이버 지식백과

◯ 솜씨도 시간도 없지만 맛있는 거 먹고 싶을 때
  – 만능소스 18개

샐러드드레싱부터 매운 요리, 간장 요리, 볶음, 조림, 잡채, 비빔밥, 하다못해 부침개나 전을 찍어 먹는 소스까지. 재료 특유의 맛과 향에 만능소스가 더해져 행복한 한 끼를 준비할 수 있을 거예요. (전체 만능소스 리스트는 9쪽)

◯ 만능소스 활용
만능소스를 활용한 요리에는 위쪽에 아이콘이 있어요. 관련 페이지를 찾아보세요.

◯ 불 세기
'요리는 불맛'이죠? 이 책에서는 약불, 중불, 강불 3단계로 불 세기를 표시했어요. 집마다 사용하는 화구나 조리도구에 따라 열전도율이 다르니 적당히 조절하세요.

약불	중불	강불

주방도구

필러 10년 전에 지인이 유럽여행을 다녀오며 사다 준 감자 필러입니다. 이런 모양의 감자칼은 처음이었는데 한 손에 쥐어지는 그립감도 좋고, 특수 칼날이라 질긴 껍질도 쉽게 깔 수 있었어요. 생각보다 편하니 이런 모양의 감자칼을 골라 써보세요.

액체 반창고 요리하다 보면 종종 손을 다치곤 하잖아요. 다른 부위와 달리 손은 물이 닿기 때문에 연고나 밴드를 붙이기도 애매하고, 상처에 소금간이라도 닿으면 쓰라린 경우가 많아서 저는 방수밴드를 사용해요. 액상이라 바르기 쉽고, 금방 말라서 신경 쓰지 않고 요리할 수 있어요.

핸드크림과 바셀린 주부들은 손에 물 마를 날이 없어요. 평소 보습제를 자주 발라주고 꼼꼼하게 관리해야 어느 날 갑자기 늙어버린 손을 보고 충격받을 일이 없을 거예요. 저는 평소에는 보습제만 바르고, 날씨가 건조해지면 바셀린으로 한 번 더 덧발라요. 여러분도 이렇게 해보세요.

살림은 장비발!
있으면 편해지는 주방도구
추천과 고르는 기준

직접 써본 것 중 있으면 요리 스트레스가 훨씬 줄어드는 도구들을 소개할게요. 무심코 사용하는 주방 소모품도 선택할 때 주의할 것들이 있어요. 이참에 한 번 확인해 보세요.

진공 밀폐용기 밀폐용기는 스테인리스, 유리, 실리콘 등 소재나 크기가 다양합니다. 그중에서도 제가 가장 만족하면서 사용하고 있는 밀폐용기는 진공이 되는 거예요. 재료를 담은 다음 공기를 빼 산소를 차단하니 식재료나 음식을 좀 더 신선하고 오랫동안 보관할 수 있어요.

짤순이 짤순이는 손목에 부담을 주지 않으면서 원하는 만큼 물기를 제거할 수 있어 요리가 한결 편해요. 그릭요거트나 수제 치즈 만들 때 유청을 분리하기도 쉬워서 자주 사용합니다.

초퍼 초퍼는 채소나 고기 다질 때 주로 사용합니다. 딱딱한 재료도 몇 초 만에 다져줘서 볶음밥 재료나 만두소 만들 때, 또 마늘이나 청양고추를 다져 냉동 보관할 때도 좋아요. 버튼을 누르는 시간에 따라 입자 크기가 달라지니 소스를 만들거나 스무디 한 컵 딱 마시고 싶을 때도 큰 블렌더 꺼낼 필요 없이 간편하게 쓸 수 있어요. 크기도 작아서 자리를 많이 차지하지 않으니 자주 손이 가더라고요.

탈수기 채소 요리의 핵심은 물기 제거잖아요. 그래야 양념이나 드레싱을 버무릴 때 맛을 제대로 낼 수 있어요. 손으로 터는 것보다 채소 탈수기를 이용하면 편하고 깔끔하게 물기를 제거할 수 있어요. 다들 쓰고 있겠지만, 혹시나 없다면 꼭 써보세요.

매직랩 저는 대부분 매직랩을 사용합니다. 일반랩보다 조금 더 비싸지만 미국 FDA와 한국 식약처에서 인증받은 안전한 성분이라 냉장, 냉동, 전자레인지에서도 안심하고 사용할 수 있어요. 무엇보다 접착력이 좋아 음식을 밀봉 보관하기에 좋아요.

진짜 고추장, 가짜 고추장?
어느 날 문득 양념 성분표가 눈에 들어왔다면!

조미료를 아예 안 쓸 순 없고, 쓰긴 써야 하는데 뭘 골라야 할지 모르겠다면 참고하세요.
요약하면 복잡한 영어로 된 화학첨가물이 덜 들어가고, 천연재료 함량이 높고,
전통 방식으로 시간을 들인 제품일수록 좋고, 가격도 올라가요.
하지만 비싸다고 모두 좋은 성분으로 된 것은 아니니 관심이 생겼을 때 살펴보세요.

Seasoning

시판 조미료에 주로 사용되는 화학첨가물

인공 감칠맛(감칠맛)
글루탐산나트륨 MSG, Monosodium Glutamate
이노신산이나트륨 Disodium Inosinate
구아닐산이나트륨 Disodium Guanylate

인공 감미료(단맛)
네오탐 Neotame
아스파탐 Aspartame
이성화당 High Fructose Corn Syrup
아세설팜칼륨 Acesulfame K
수크랄로스 Sucralose

합성 착향료(향)
바닐린 Vanillin
디아세틸 Diacetyl

보존제, 방부제(부패 방지)
소르빈산칼륨 Potassium Sorbate
벤조산나트륨 Sodium Benzoate
니트로소아민 Nitrosamines

색 조절(색소)
카라멜 색소 Caramel Color
식용색소 Allura Red AC, Amaranth, Tartrazine
타르색소 Tartrazine, Sunset Yellow

점도 조절제(농도, 끈적임)
잔탄검 Xanthan Gum

향미증진제 Flavor Enhancers

성분표

간장류

- **NO** 산분해간장
- **YES** 대두(콩), 소맥(밀), 천일염, 누룩 등 자연 성분
  단백질인 총질소 함량과 아미노산 함량 1.3% 이상
  (1.0% 이하는 저품질)

식품유형	양조간장	표준의번호및명칭	KSH2118간장
등급	특급	인증번호	식품연제1998-03호
인증기관	한국식품연구원	총질소(T.N)함량	1.7% 이상
원재료명	정제수, 탈지대두[외국산:인도산/미국산/중국산], 소맥(미국산), 천일염(호주산),이소말토올리고당,발효주정,효모추출분말,감초추출물 대두, 밀함유		

고추장

- **NO** 밀가루, 전분 함량이 높은 것
- **YES** 멥쌀/찹쌀/보리쌀, 고춧가루 15~20% 이상,
  메줏가루 15% 이상, 천일염
  엿기름, 쌀조청, 매실청 등 자연 감미료
  항아리 숙성, 자연 발효, 전통 발효

원재료명 및 함량	찹쌀(국산)35%, 고춧가루(국산)25%, 메줏가루(대두/국산)20%, 죽염(국산)10%, 간장(대두)(국산), 죽염(국산)15%,엿기름(겉보리/국산)5% 대두함유

된장

- **NO** 콩 대신 밀가루와 변성 전분으로 만든 것
- **YES** 콩(메주), 천일염, 물 등의 원재료
  전통 방식, 자연 발효
  총질소 함량 1.5% 이상(1.0% 이하는 저품질)

제품명	맥된장	식품유형	한식된장	인증규격명	된장
품목보고번호	199805640262		내용량		120g
원재료명	메주96%[대두100%(국산)], 천일염(국산)			대두함유	
포장재질	용기-유리,뚜껑-철				

Q 산분해간장이 뭐예요?

장류는 6개월 이상 자연 발효되어야 단백질과 아미노산 함량이 높은 좋은 장이 되는데, 시간과 비용이 드니 화학 처리로 이 과정을 건너뜁니다. 이게 바로 '산분해간장'이고, 부족한 맛은 화학첨가물로 메꿉니다.

Q 국간장, 조선간장, 양조간장, 진간장, 혼합간장~ 헷갈려요!

국간장과 조선간장은 같은 말이고, 메주로 만들어요. 짠맛이 강해 국이나 나물의 간을 맞출 때 써요. 양조간장은 콩(대두)과 밀(소맥)로 만들고. 부드러운 짠맛이라 볶음, 조림 등에 써요. 진간장과 혼합간장은 산분해간장과 양조간장을 섞고, 단맛을 추가한 거예요. '혼합간장'은 피하는 게 좋겠죠?

성분표

버터

NO 팜유나 식물성 기름으로 만든 가공버터, 마가린, 쇼트닝 포함 제품

YES 유크림(우유) 100%에 가까운 것, 자연 숙성된 무염버터(Salt-Free), 은박지 포장

| 원재료명및함량 | 유크림(우유)100% | 우유함유 |

올리브오일, 참기름, 들기름

고온정제된 제품은 트랜스 지방이 나올 수 있으니 피하세요. 특히 올리브오일은 산도(Acidity) 0.8% 이하의 엑스트라 버진으로 골라요. 산도 2% 이상은 산패 가능성이 있대요.

NO 정제유나 혼합유, 고온정제, 플라스틱 포장 피하기
YES 100% 원재료, 냉압착 또는 냉추출, 유리병 포장

Acidity	
Value Acidity Value	0.09%(ac.oleic)

Q 식용유 말고 올리브유를 쓰라고들 하던데요?

결론부터 말하면 기름 종류보다 조리법에 따라 적당한 기름을 선택하는 게 더 중요합니다. 기름은 가열하면 특정 온도에서 연기가 발생하는데, 이것을 '발연점'이라고 해요. 발연점을 넘으면 기름이 타면서 영양 성분이 파괴되고, 유해물질이 나옵니다. 어떤 기름이든 온도는 낮게, 시간은 짧게 조리하세요.
더 자세한 내용을 알고 싶다면 닥터잇요 유튜브 '좋은 식용유, 나쁜 식용유'를 추천합니다.

Q 튀김에 적합한 기름은?

발연점이 높아 고온 조리에 안정적인 기름을 선택하세요. 참기름과 올리브유 등은 영양 성분이 풍부해 건강에 좋다고 알려져 있지만, 발연점이 낮아 고온 조리가 필요한 튀김에는 적합하지 않아요.

아보카도 오일(발연점: 약 270°C)
정제 올리브유(발연점: 약 240°C, 엑스트라 버진 아님)
카놀라유(발연점: 약 205°C)
해바라기유(고올레산 대두유) (발연점:약 230°C)

성분표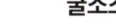

미림/맛술

- **NO** 인공 감미료와 화학첨가물
- **YES** 쌀/현미 발효, 누룩, 조청, 천연 발효주, 정제수, 알코올 함량 10~14%

원재료명	정제수, 쌀52.17%(국산/유기), 프락토올리고당, 우리밀누룩(밀:국산), 효모, 약쑥잎 0.01%(국산/유기), 소나무잎분말(국산), 양파 0.21%(국산/유기), 파 0.12%(국산/유기), 생강가루 0.02%(국산/유기), 계피가루 0.0003%(베트남산/유기)

굴소스

- **NO** 굴 함량이 20% 이하로 낮은 것
- **YES** 굴 농축액 40% 이상
  굴, 소금, 설탕, 녹말(천연 농축제), 천연발효 간장 등 성분이 간단한 것

포장단위별용량(중량),수량	250g
원재료명및함량	정제수, 간장(대두(국산), 천일염(국산), 밀(국산), 종국)26.04%, 굴농축액(굴(국산)98%, 정제소금(국산))20.23%, 배농축과즙액(배과즙100%/국산), 감귤농축액(감귤100%/국산), 천일염, 설탕, 말차약엿(국산), 쌀조청(국산), 양파(국산), 고구마전분(국산), 대파(국산), 표고버섯(국산), 마늘(국산), 발표주정 *알레르기유발물질:대두,밀,조개류(굴)함유

코인육수(분말육수)

- **NO** 원재료보다 맛내기 엑기스 분말이 들어간 것
- **YES** 국산 원재료 함량이 높은 것

원재료명	동결건조다시베이스분말[무농축액(무추출농축액(무:국산))], 덱스트린, 다시마농축액S(건다시마:국산), 북어엑기스(건북어머리:러시아산)), 가쓰오부시농축다시(가쓰오부시(가다랑어:인도네시아산)), 멸치분말(국산), 대파추출액(대파:국산), 바지락추출농축액(바지락농축액(바지락:국산)), 양파가루(국산), 참치농축액(참치자숙농축액(참치:완양산)), 마늘가루(국산), 생강가루(국산), 콩발효추출물분말(대두:외국산), 구운소금(천일염:국산)...

Q 미림/맛술은 뭐가 달라요?

둘 다 고기 잡내나 생선 비린내를 잡을 때 사용하죠. 쌀을 발효시켜 만든 술이 미림이에요. 이 미림에 소금과 설탕 등 조미료를 추가한 것이 맛술입니다. 조미료가 많이 들어갈수록 짠맛과 단맛이 너무 강해져 음식 맛에 영향을 주니 피하는 것이 좋아요.

Q 분말육수가 뭐예요?

코인육수를 가루 형태로 만든 제품이에요. 첨가물 없이 천연 재료를 사용한 제품을 사면 부담 없이 감칠맛을 더할 수 있어요. 없을 때는 빼도 상관없어요. 비빔밥용이라면 여기에 고추장이 더해질 거고, 잡채에도 김밥에도 나름의 간이 더해질 거니까요.

Chapter 1

그렇게나 어려운
아침 한 끼

"요즘 아침밥 먹는 사람이 어딨어?"

눈 뜨고 일어나 챙겨 나가기도 바쁜 게 아침이죠.
문제는 아침을 건너뛰고, 점심은 대충 때우거나 자극적인 음식으로 해결하면
저녁은 폭식이나 과식으로 이어진다는 점이에요.
하루 이틀 이런 날들이 반복되면 좋을 리 없어서
아침으로 적당한 요리를 가장 먼저 소개하고 싶었어요.

국물이 꼭 필요한 사람을 위한 따뜻한 국과 수프,
가벼운 한 끼를 원하는 사람을 위한 샐러드,
든든한 요리를 원하는 사람을 위한 고기와 밥 등

전날 만들었다가 아침에 데우거나 만능소스만 부어 바로 먹는 등
아침에 간단히 만들 수 있도록 고심했으니 책을 참고해서
그날 아침 상황에 맞게 메뉴를 바꿔가며 여러 방법으로 시도해 보세요.

> 살림팁

시간을 아끼는 방법 1
다시육수 준비

육수만 있다면 후다닥 만들어도 깊은 감칠맛을 잡을 수 있어요.
다시마나 멸치, 디포리, 무, 표고버섯 등 원재료를 쓰면 좋은데, 쉽게 구할 수 있는 시판 다시팩을 이용해도 괜찮습니다.

진한 다시육수

육수가 진하게 우러나와 국수나 찌개, 전골 등 끓이는 요리에 좋아요.
1 물 2리터에 다시팩 한 봉을 넣고, 10분간 끓인 후 불을 끄고 그대로 둔다.
2 한 김 식으면 다시팩을 건져내고, 육수는 통에 담아 냉장고에 넣고 사용한다.

맑은 다시육수

끓이지 않은 육수라 맑고 연하게 우러나와 오이냉국이나 미역냉국 등 냉국 육수로 씁니다.
1 찬물 2리터에 다시팩 한 봉을 넣고 그대로 1~2시간 둔다.
2 다시팩은 건져내고, 육수는 통에 담아 냉장고에 넣고 사용한다.

메밀소바나 장국 소스에도 섞어 씁니다.

> 살림팁

시간을 아끼는 방법 2
매일 쓰는 식재료 밀프렙

냉장고를 열었는데 양배추 한 통이 통째로 들어있다면?
뭔가 해 먹고 싶은 의욕이 싹 사라질 거예요. 시간이 좀 있을 때 자주 쓰는 식재료를 손질해 두세요.

채소

아침은 샐러드로 먹는 경우가 많으니 샐러드용 양배추 손질법부터 알아볼게요. (양배추, 파, 마늘 등은 2부 참고)

1 양배추를 반으로 자른 후 한 번 더 반으로 잘라 1/4 크기로 만든다.
2 양배추를 세워 가운데 딱딱한 심지를 자른다. 눕혀서 가늘게 채 썰면 끝!

버터 소분

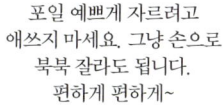
포일 예쁘게 자르려고
애쓰지 마세요. 그냥 손으로
북북 잘라도 됩니다.
편하게 편하게~

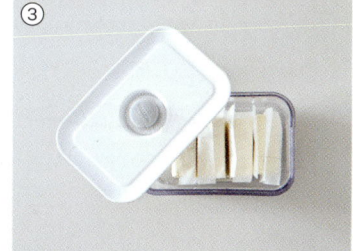

1 냉장실에서 꺼내 상온에 30분 정도 두면 썰기 적당해진다.
2 종이포일을 잘라 칼을 감싼다. 포일을 끼운 채 그대로 버터를 자른다.
3 이대로 통에 담으면 달라붙지 않아 편하다. 오래 보관해야 하면 냉동실!

베이컨 보관

베이컨은 겹치지 않게 올리세요.

1. 종이포일에 한 줄씩 올린 후 돌돌 말아서 가위로 자른다.
2. 밀폐용기에 차곡차곡 담아서 냉동실에 넣고 필요할 때마다 한두 개씩 꺼내 쓴다.

달걀

며칠 먹을 달걀을 한 번에 삶아보세요. 껍질이 있는 상태라면 냉장고에서 5~7일, 껍질을 벗긴 상태라면 2~3일 안에 먹어요.

닭가슴살 대기업의 맛, 촉촉한 닭가슴살 만드는 법

전자레인지에 데우기만 하면 바로 먹을 수 있는 시판 닭가슴살은 참 편하죠. 하지만 매번 사기엔 좀 비싸잖아요. 집에서도 촉촉한 닭가슴살을 만드는 방법이 있어요.

1   물 1리터에 생강, 마늘, 후추 등 잡냄새 제거용 향신료를 넣고 팔팔 끓인다.
2   물이 끓으면 닭가슴살 500g을 넣고 중불에서 8~9분간 더 끓인다.
3   불을 끄고 뚜껑을 덮은 채로 그대로 두어 5분간 잔열로 속까지 익힌다.
4   식혀서 통에 넣어 냉장보관하고 먹는다.

만능소스

아직도 드레싱 사나요?
샐러드드레싱 3가지

샐러드에 상큼한 드레싱은 필수죠. 매번 사 먹었다면 이제 만들어 보세요. 별로 어렵지 않고, 첨가물 없이 식구 수나 필요에 따라 먹을 만큼만 만들면 돼서 건강하고, 경제적입니다. 물론 맛도 있어요.

기본 드레싱 올리브유로 만든 드레싱은 냉장고에 들어가면 굳는 성질이 있어요. 먹기 전에 미리 꺼내두면 다시 원상태로 돌아옵니다. 꿀이 없으면 올리고당이나 알룰로스로 해보세요. 생레몬이 없다면 시판 레몬즙이나 식초로 해도 되지만, 맛은 살짝 차이 납니다.

올리브유 4, 레몬즙 3, 꿀 2를 넣고 소금, 후추로 간을 한 후 잘 섞는다.

소금, 후추는 한두 꼬집이면 돼요. 찍어 먹어보고 입맛에 맞게 가감하세요.

🔴 **땅콩버터 드레싱** 오일층이 분리되지 않도록 숟가락이나 거품기로 많이 섞어줘야 드레싱 맛이 겉돌지 않아요.

기본 드레싱(올리브유 : 레몬즙 : 꿀 4 : 3 : 2)에
간장 1, 무염땅콩버터 2를 넣고 필요 시 소금, 후추로 간을 더한다.

🔴 **머스터드 드레싱** 머스터드의 알싸한 맛이 느끼함을 잡아줘 치킨이나 달걀 등 육류가 들어간 샐러드에 잘 어울려요.

기본 드레싱(올리브유 : 레몬즙 : 꿀 4 : 3 : 2)에
홀그레인 머스터드 1, 다진 마늘 0.3을 넣고 소금, 후추로 간을 더한다.

만능소스

수프, 피자, 파스타 등 다양한 서양 요리

만능 토마토소스

토마토는 생으로 먹는 것보다 익혔을 때 리코펜 흡수율이 훨씬 높아져 건강에 좋다고 해요.
이 소스 하나면 수프부터 파스타까지 다양한 서양 요리에 활용할 수 있어요.

• 재료

완숙 토마토 4개 (중간 크기)
토마토퓌레 600㎖ 또는 홀토마토 캔 1개
양파 1개
다진 마늘 3큰술
올리브유 5큰술

• 양념

버터 50g
고형카레 50g
치킨스톡(또는 분말 육수) 1큰술
오레가노(또는 바질 등의 허브, 생략 가능)
소금, 후추

1. 토마토와 양파는 잘게 다진다. 냄비에 올리브유를 두르고 중불에서 토마토, 양파, 마늘을 함께 볶는다.
2. 양파가 투명해지면 토마토퓌레 한 병을 다 부어서 같이 끓인다. 이때 버터와 고형카레, 치킨스톡도 함께 넣는다.
3. 원하는 농도까지 졸이다가 허브와 소금 후추로 간을 맞추고 마무리한다. 식힌 후 밀폐용기에 담아 냉장보관하고 먹는다. (냉장실 7일 이내 사용, 그 이상은 냉동보관)

Q 생토마토로만 만들어도 되나요?

생토마토만으로는 색감이 안 예쁘고, 원하는 맛이 안 나와요. 퓌레나 홀토마토는 대형마트나 인터넷에서 쉽게 구할 수 있는데, 이도 저도 없을 땐 시판용 파스타 소스를 섞어서 만들어 보세요.

Q 어? 따라 만들었는데, 신맛이 너무 강해요!

덜 익은 토마토나 단맛이 부족한 토마토로 소스를 만들면 새콤한 맛이 강할 수 있어요. 그럴 때는 꿀을 한 스푼 추가하면 새콤한 맛을 중화할 수 있습니다.

밥 없이도 완벽한 캐슈너트 미역국

맨날 먹던 미역국 말고 조금 다르게 만들어 볼게요.
식물성 단백질과 불포화 지방산이 풍부해 성인병 예방에 좋아요.
견과류를 갈아 만드는 거라 한 끼 식사로도 충분합니다.

묘식당 Pick!

- **재료**(2~3인분)

  미역 한 줌
  캐슈너트 100g 종이컵 1컵 정도
  두부 100g
  물 500㎖

- **양념**

  다진 마늘 0.5스푼
  참치액 0.5스푼
  소금 두 꼬집
  후추

1. 미역 한 줌을 찬물에 충분히 불린다. 캐슈너트와 두부는 각 100g 준비한다.
2. 블렌더나 믹서에 캐슈너트와 두부, 물 500㎖를 넣고 곱게 갈아서 캐슈너트 밀크를 만든다.
3. 냄비에 캐슈너트 밀크와 불린 미역, 다진 마늘 반 큰술을 넣는다. 중약불에서 바닥부터 천천히 저어주며 5~6분간 끓인다.
4. 한소끔 끓으면 참치액 반 큰술과 소금으로 간을 한다. 물을 보충해서 원하는 농도로 맞춘 후 후추를 살짝 뿌려 마무리한다.

+ 캐슈너트는 종이컵 1컵 정도의 양을 사용하면 돼요.
  생 캐슈너트, 볶은 캐슈너트 상관없어요.

아침 한 끼

슴슴하고 속 편한 순두부 뭇국

• **재료**(2~3인분)

무 300g
순두부 1봉지
표고버섯 2개
대파 1/2대
들기름 2큰술
다시육수 500㎖

• **양념**

다진 마늘 0.5큰술
참치액 1큰술
소금 두 꼬집
들깻가루 2~3큰술
후추 약간

1. 무는 한입 크기로 듬성듬성 자르고, 표고버섯은 편으로, 대파는 어슷하게 썬다.
2. 냄비에 들기름 2큰술을 두른다. 무를 넣고 중약불에서 노릇하게 볶는다.
3. 무가 반쯤 익으면 대파와 표고버섯, 다진 마늘을 넣고 더 볶다가 육수를 붓고 강불에서 뚜껑을 덮고 끓인다.
4. 국물이 끓으면 순두부 한 봉지를 넣어 먹기 좋게 자른 후 참치액과 소금으로 간을 맞춘다. 한소끔만 더 끓여 들깻가루와 후추를 뿌리고 마무리한다.

해장국집 왜 가? 얼큰 뜨끈 차돌육개장

전날 과음하거나 피곤해서 입안이 깔깔할 때는 얼큰하고 뜨끈한 국물을 찾게 되죠.
굳이 밖에 나가지 않아도 15분 만에 뚝딱 만들 수 있는 차돌육개장 어때요?
재료도 간단하고, 만들기도 쉽고, 밥 한 공기 말아서 깍두기 척 올려 먹으면 하루가 든든합니다.

- **재료**(3~4인분)

    냉동 차돌박이 두 줌(200g)
    무 150g
    숙주 큼직하게 한 줌(100g)
    표고, 팽이버섯 한 줌(60g)
    대파 1대
    시판 사골육수 500㎖
    물 500㎖

- **양념**

    고춧가루 3큰술
    다진 마늘 듬뿍 1큰술
    국간장 2큰술
    소금, 후추 약간

1. 무는 채 썰고, 대파 1대는 손가락 길이로 썬다. 표고버섯과 팽이버섯을 먹기 좋게 썰고, 숙주도 한 줌 준비한다.
2. 냄비에 고기를 넣고 중약불에서 볶아 기름을 낸다. 기름이 나오면 고기를 한쪽으로 밀어둔 후 썰어둔 무와 고춧가루를 넣고 약불에서 타지 않게 볶는다.
3. 무가 반쯤 익었을 때 육수와 물을 붓고 중강불로 올린다. 나머지 양념과 대파, 버섯을 넣은 후 7~8분 끓인다.
4. 마지막으로 숙주 한 줌을 넣고 한소끔 더 끓인 후 후추와 소금으로 마무리한다.

+ 냉동 차돌박이가 없으면 냉동 우삼겹으로 대체 가능해요.
+ 국간장이 없으면 참치액이나 까나리액젓을 사용해도 돼요.

고기에서 기름이 많이 나오니 따로 식용유를 넣을 필요 없어요.

떠오르는 기름을 처음부터 걷어내면 감칠맛이 줄어들어요. 어느 정도 끓인 후 국자로 걷어주세요.

아침부터 가마솥? 초간단 닭곰탕

● 재료(3~4인분)

닭다리 살 300g
무 150g
대파 흰 부분 2대
식용유 2큰술
물 또는 다시육수 1리터

● 양념

다진 마늘 1큰술
국간장 1큰술
치킨스톡 1/2큰술
소금 두 꼬집
후추

● 닭다리 살 밑간

맛술 1큰술, 소금, 후추 두 꼬집

1. 닭다리 살은 맛술 1큰술과 소금, 후추 두 꼬집으로 밑간한다. 대파 2대의 흰 부분은 손가락 길이로 자르고, 나머지는 송송 썬다. 무는 나박나박 썬다.
2. 냄비에 식용유를 두르고, 중약불에서 대파 흰 부분을 노릇하게 구워 접시에 따로 덜어낸다. 같은 냄비에 그대로 닭다리 살을 넣고 앞뒤로 노릇하게 굽는다.
3. 닭고기가 반 이상 익으면 육수를 붓는다. 닭고기를 먹기 좋게 자른 후 무와 구운 대파를 넣고 분량의 양념을 넣는다.
4. 뚜껑을 덮고, 중강불에서 무가 푹 익을 때까지 끓인다. 구운 대파는 건져내고, 소금과 후추로 간을 맞춘 후 잘게 썬 대파를 넣고 불을 끈다.

+ 치킨스톡이 없으면 코인육수 한 알로 대체 가능

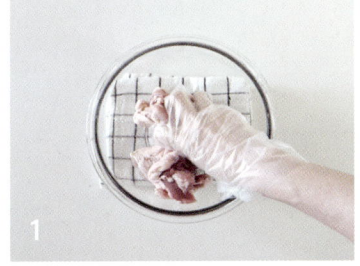

닭을 구울 때는 껍질 쪽부터 구워야 기름도 잘 나오고 눌어붙지 않아요. 이때 나오는 기름은 키친타월을 이용해 제거해 주세요.

중간중간 거품을 제거하면 국물이 더 깔끔해져요.

오늘은 달콤하게 시작, 양파 고구마수프

● **재료**(4인분)

고구마 2개 400g
양파 1/2개
캐슈너트 60g
올리브유 2큰술
물 500+200㎖

● **양념**

무염버터 10g
소금 두 꼬집
후추 약간
파슬리가루

1 고구마와 양파는 껍질을 벗겨 한입 크기로 썬다. 냄비에 올리브유를 두르고, 중불에서 양파를 노릇하게 볶는다.

2 양파가 노릇하게 익으면 고구마와 물 500㎖를 넣고 다 익을 때까지 7~8분간 끓인다.

3 볶은 양파와 고구마를 국물까지 모두 블렌더에 넣고 캐슈너트와 물 200㎖를 더 넣어 곱게 간다.

4 냄비에 간 고구마를 붓고 버터와 소금, 후추를 넣는다. 저어가며 한소끔만 더 끓이고 불을 끈다.

+ 캐슈너트는 종이컵 반 컵 정도, 다른 견과류로 대체해도 돼요.

> 만능소스 활용

오늘은 이탈리아 맛! 토마토수프

● **재료** (2인분)

당근 1/4개
양배추 30g
브로콜리 30g
올리브유 2큰술

● **만능 토마토소스** (32쪽)

만능 토마토소스 2컵
우유 1/2컵
소금, 후추, 파슬리가루 약간

1. 당근과 양배추는 가늘게 채 썰고, 브로콜리는 반입 크기로 자른다.
2. 냄비에 올리브유를 두르고, 채소가 숨이 죽을 때까지 중불에서 볶는다.
3. 볶은 채소에 만능 토마토소스 2컵과 우유 반 컵을 붓고 한소끔 끓인다. 소금과 후추로 간을 한 후 파슬리가루를 뿌리면 끝.

아침 한 끼

'시라' 혹은 '시라즈'라고 부르는 이 샐러드는 이란 남부 시라즈(Shiraz) 지방에서 유래했어요. 토마토, 오이, 양파 등에 올리브유와 허브를 넣고 새콤하게 버무려 식전 샐러드로 먹어요. 빵이나 밥, 고기 요리와도 잘 어울려서 메인요리에 곁들이기도 합니다.

세계 3대 샐러드, 시라즈

- **재료**(4인분)

    오이 1개
    방울토마토 200g
    양파 1/2개
    파프리카 1/2개

- **드레싱**

    올리브유:레몬즙:발사믹 식초 4:3:2큰술
    참치액 1큰술
    소금, 후추 약간
    오레가노 또는 바질 등의 허브(생략 가능)

1. 오이는 양쪽 끝을 자르고 세로로 4등분한다. 가운데 씨 부분을 제거한 후 1cm 정도 크기로 자른다.
2. 방울토마토는 4등분한다. 양파는 0.5cm 크기로 자르고, 파프리카도 씨를 제거하고 같은 크기로 자른다.
3. 분량의 드레싱을 만든다. 재료들을 볼에 넣고 드레싱을 뿌려 잘 버무린다.

+ 발사믹 식초 대신 레몬즙 1큰술 + 꿀 1큰술로 대체할 수 있지만 원래 맛과는 조금 달라져요.
+ 참치액이 없다면 치킨파우더 0.5큰술로 해도 돼요.

씨 부분을 제거하면 물이 많이 생기는 걸 막아줘요.

냉장고에서 1시간 정도 숙성 후 먹으면 더 좋아요.

> 만능소스 활용

단백질 가득 치킨 에그 샐러드

● **재료**(2인분)

닭가슴살 100g
삶은 달걀 2개
사과 1/2개
방울토마토 4~5개
양상추 큼직하게 한 줌

● **머스터드 드레싱**(31쪽)

기본 드레싱
홀그레인 머스타드 1스푼
간마늘 0.3스푼
소금, 후추 한두 꼬집

1. 닭가슴살과 달걀은 가로로 0.5cm 간격으로 자른다. 사과는 씨를 제거한 후 얇게 자르고, 방울토마토는 반으로 자른다.
2. 접시에 양상추를 깔고 치킨, 달걀, 사과를 보기 좋게 담는다. 먹기 전에 드레싱을 뿌려 먹는다.

+ 기본드레싱은 올리브유:레몬즙:꿀을 4:3:2비율로 만들어요. 여기에 꿀 대신 올리고당이나 설탕 등을 대체하면 돼요.

아침 한 끼

건강 궁합 천생연분, 양배추 사과 샐러드

양배추와 사과는 서로 맛과 영양을 보완해서 샐러드로 먹기 참 좋은 재료예요.
여기에 고소한 땅콩버터가 들어간 드레싱을 함께 해보세요. 맛과 영양이 한층 더 풍부해져요.

묘식당 Pick!

> 만능소스 활용

- **재료**(2인분)

  사과 1개 200g
  양배추 200g
  당근(기호에 따라 추가)

- **땅콩버터 드레싱**(31쪽)

  기본 드레싱
  땅콩버터 2큰술
  간장 1큰술
  소금, 후추 약간

1. 양배추와 사과는 가늘게 채 썬다.
2. 볼에 재료를 담고 드레싱으로 버무린다.

+ 기본드레싱은 올리브유:레몬즙:꿀을 4:3:2비율로 만들어요.
  여기에 꿀 대신 올리고당이나 설탕 등을 대체하면 돼요.

> 양배추는 가늘게 채 썰어 물에 5분 정도 담근 후 채소 탈수기나 채반을 이용해 물기를 제거하면 좋아요.

수프로, 덧밥으로 한국식 마파 순두부

● **재료** (1~2인분)

순두부 1봉지
대파 흰 부분 약간
양파 1/2개
감자 1개
팽이버섯 1/3봉지
쪽파 약간
식용유 3큰술
물 300㎖

● **양념**

고춧가루 1~2큰술
된장 0.7큰술
고추장 0.7큰술
굴소스 0.5큰술
원당 0.3큰술
다진 마늘 0.5큰술
전분물 2큰술(전분:물 1:2 비율)
참기름, 통깨, 후추 약간

1. 감자, 양파, 대파는 0.5cm 크기로 잘게 썬다. 팽이버섯과 쪽파도 같은 크기로 썬다.
2. 팬에 식용유를 두르고 중불에서 대파와 양파, 감자를 먼저 볶는다.
3. 감자가 반쯤 익으면 고춧가루를 넣고 약불에서 1~2분간 볶는다.
4. 분량의 된장, 고추장, 굴소스, 원당을 넣고 양념이 잘 섞이도록 한 번 더 볶아준다.
5. 물 300㎖를 붓고 다진 마늘과 순두부, 팽이버섯을 넣어 중불에서 한소끔 더 끓인다. 전분물로 농도를 맞춘 후 참기름, 통깨, 후추 뿌려 마무리한다.

+ 전분물은 전분:물 1:2 비율이에요.

묘식당 Pick!

장을 볶으면 장맛이 훨씬 더 구수해지고 깊은 맛이 나요. 고춧가루는 맵기에 따라 양을 조절하세요.

052 · 053

아침으로, 도시락으로 볶음김치 주먹밥

주먹밥은 밥과 부재료를 동그랗게 뭉쳐만 놓으면 별 반찬 없이도 한 끼 해결할 수 있어
주부들이 좋아하는 메뉴예요. 볶음밥 중에서도 김치볶음밥을 가장 좋아하는 한국인 입맛에 맞게
볶음김치를 넣어 주먹밥을 만들어 보세요. 아침으로도 도시락으로도 인기 만점!

만능소스 활용

재료 (2인분)

밥 2공기
만능 김치볶음 2~3큰술(74쪽)
도시락김 2봉

밥 밑간

소금 두 꼬집
참기름 2큰술
깨 1큰술

1. 밥에 참기름, 소금, 깨를 뿌려 골고루 섞는다. 도시락 김을 비닐백에 넣어 잘게 부셔 놓는다.
2. 밥 적당량을 뭉쳐서 가운데 구멍을 내준 후 만능 김치볶음 한 큰술을 넣고 동그랗게 빚는다.
3. 밥을 비닐백에 넣는다. 입구를 막고 흔들어서 김가루를 묻힌다.

밥을 뭉치기 전에 손에 참기름을 발라주면 손에 달라붙는 것을 방지할 수 있어요.

만능소스 활용

세상 귀찮은 날, 밥 부리토

• **재료**(4~5인분)

밥 2공기
소고기 불고깃감 200g
양파 1/2개
당근 1/3
모차렐라 치즈 1컵
또띠아 5장 (지름 20cm 이상)
식용유 3큰술

• **양념**

만능 간장 양념장 2~3큰술(164쪽)
참기름 2큰술
통깨 2큰술
후추 약간

1 양파와 당근은 0.5cm 크기로 잘게 썬다. 팬에 식용유를 두르고 중불에서 양파와 당근을 1~2분간 볶는다.

2 양파가 투명해지면 소고기와 만능 고기 양념장을 넣고 강불에서 볶는다.

3 고기가 익으면 밥을 넣고 함께 볶다가 참기름, 통깨, 후추로 간을 맞춘 후 불을 끈다.

4 또띠아에 모차렐라 치즈를 깔고, 위에 볶음밥을 길게 뭉쳐서 올린 후 내용물이 흐르지 않게 잘 말아준다.

5 밀폐용기에 넣어 냉장실에 두고 먹거나 오래 보관할 땐 냉동보관한다. 바로 먹을 때는 프라이팬에 앞뒤로 살짝 구워 그대로 먹거나 반으로 잘라 먹는다.

Q 냉동실에서 꺼내 먹을 때는 다시 굽나요? 아니면 전자레인지?

냉동실에서 꺼내 실온에서 해동하세요. 그 후 전자레인지에 1~2분 돌리거나 프라이팬에 기름 없이 살짝 구워 먹으면 돼요.

중간에 큰 고기는 가위로 먹기 좋게 잘라주세요.

또띠아가 잘 접히지 않으면 프라이팬에 기름 없이 살짝 구워서 사용하세요.

오늘따라 아무것도 없네? 접어 먹는 참치김밥

• **재료** (2인분)

밥 2공기
김밥용 김 3장
오이 1개
소금 0.5티스푼

• **밥 밑간**

참기름 2큰술
통깨 1큰술
소금 두 꼬집

• **참치마요 양념**

참치통조림 150g
마요네즈 2큰술
원당 0.3큰술
후추 약간

1. 오이는 채 썰어 소금 0.5티스푼을 넣고 10분간 절인다. 손으로 물기를 꼭 짠다.
2. 참치는 체에 걸러 기름기를 뺀 후 분량의 마요네즈와 원당, 후추를 넣어 잘 섞는다.
3. 밥에 참기름, 통깨, 소금으로 밑간한 후 잘 섞어준다. 김밥용 김은 2등분으로 자른다.
4. 김을 두세 장 깔고 아기 주먹 크기의 밥을 올린 후 김의 반쯤 덮도록 얇게 편다. 그 위에 참치마요와 절인 오이를 올리고, 밥으로 살짝 덮는다.
5. 김 아랫부분을 접어 올리면 끝! 랩으로 싸서 나중에 간식이나 도시락으로 먹어도 좋다.

밥으로 살짝 덮어요.

만능소스 활용

집에 남자가 둘 이상이라면 불고기샌드위치

재료(2인분)

식빵 4장
양상추 4~5장
달걀 2개
토마토 슬라이스로 2장
양파 1/2개
슬라이스 치즈 4장

불고기용

소고기 불고깃감 150~200g
만능 간장 양념장 1~2큰술(164쪽)

샌드위치용 소스

마요네즈 2큰술
꿀 1큰술
홀그레인 머스터드 0.5큰술

1. 팬에 불고기와 만능소스 한두 큰술을 넣는다. 강불에서 물기 없이 바싹 볶아 먹기 좋게 자른다.
2. 달걀은 완숙으로 프라이한다. 토마토는 1cm 두께로 잘라서 소금 한 꼬집을 뿌려 밑간한 후 키친타월로 물기를 제거한다.
3. 양파는 가늘게 채 썰고, 분량의 샌드위치용 소스를 만든다.
4. 샌드위치용 소스를 식빵 양쪽에 골고루 바른다. 그 위에 치즈, 양상추, 달걀프라이, 토마토, 불고기, 양파, 치즈를 차례대로 올리고 다른 식빵으로 덮는다.
5. 랩으로 단단하게 감싸서 반으로 잘라 먹는다.

아침 한 끼

Chapter 2

채소 요리

"바야흐로 채소 전성시대!"

나이가 들수록 채소의 담백한 맛과 식감의 매력에 빠지게 되는 것 같아요.
건강하고, 맛있고, 저렴하니 살림하는 사람으로서는 더할 나위 없이 좋은 재료죠.
제철 재료를 중심으로 봄, 여름, 가을, 겨울에 어울리는 다양한 요리와 간식을 준비했어요.
재료만 살짝 바꾸면 다른 요리로 무한히 확장되니 잘 활용해 보세요.

> 살림팁

버릴 것 없는 식재료 손질법
대파, 마늘, 청양고추, 양배추

대파 거의 모든 요리에 사용하는 대파는 물기가 닿지 않게 그대로 보관하는 것이 제일 좋아요. 하지만 때마다 손질하긴 번거로우니 자주 쓰는 크기로 미리 손질해 두세요.

초록 부분은 물기가 많아서 쉽게 무르기 때문에 분리해서 보관하는 게 좋습니다.

뿌리 부분은 깨끗이 씻어 육수 낼 때 활용하세요.

1. 대파는 깨끗하게 씻어 물기를 말린다. 뿌리와 흰 부분, 초록 부분을 분리한다.
2. 용도에 맞게 어슷하게 썰거나 송송 썰어서 크기별로 용기나 지퍼백에 담는다. 키친타월을 깔아주면 수분이 고이는 것을 방지할 수 있다. 바로 먹을 수 없다면 냉동보관이 답. 식용유를 한 큰술 넣어 잘 섞어준 후 냉동하면 서로 붙지 않아서 나중에 꺼내 쓰기 좋다.

마늘과 청양고추 마늘과 청양고추를 다질 때 초퍼를 이용하면 편해요. 마늘 다질 때 양파 한 조각을 같이 넣어 갈면 색이 쉽게 변하는 걸 방지할 수 있으니 해보세요.

1. 마늘과 청양고추는 깨끗이 씻어서 꼭지를 제거한 후 다진다.
2. 바로 쓸 것은 용기에 담아 사용하고, 오래 사용할 것은 지퍼백에 담아 냉동보관한다.

+ 초퍼는 다질 때나 소스 등을 만들 때 주로 사용하는데, 써보면 예상보다 편해서 손이 자주 가요. 믹서보다 작아서 집밥 할 때 훌렁훌렁 쓰기 좋고, 세척도 쉬워요. 기능은 다 비슷비슷하니 브랜드 상관없이 하나 장만해 보세요.

양배추 양배추 한 통은 요리에 맞게 미리 잘라 냉장고에 넣어두면 쉽게 요리할 마음이 생겨요.

양배추 한 통을 반으로 자른다. 너무 많아서 반만 사용한다면 남은 양배추는 단면을 키친타월로 감싼다. 지퍼백에 넣어 냉장보관하면 좀 더 오래 보관할 수 있다.

쌈용 - 한입 크기로 자르기

양배추를 한 번 더 잘라 1/4로 만든다. 세워서 딱딱한 가운데 심을 자른다. 세로로 한 번 더 자른 후 겉잎 쪽에 1/2만 칼집을 내서 한입 크기로 자른다.

샐러드용 - 채 썰기

샐러드용은 가늘게 채 썰어 준비한다.

볶음용 - 나박썰기

볶음용은 네모 모양으로 자른다.

살림팁

식단 짤 때 참고하세요!
제철 채소 가이드

시장이나 마트에 갔을 때 여기저기 가장 많이 보이는 채소가 '제철 채소'잖아요. 사실 요즘은 제철이라는 게 별 의미 없다고 생각할 수 있어요. 가격이 좀 비싸긴 해도 언제든 원하는 식재료를 구할 수 있으니까요. 그런데도 이 내용을 정리하는 건 아무래도 제철 재료가 주는 신선함과 영양을 대신할 순 없기 때문이에요. 당연히 가격도 저렴하니 살림에도 도움이 되고요. 자주 사용하는 채소를 골라 아래 정리해 두었으니 참고하세요. 제철 재료는 물이 제대로 올라 달큰하니까, 간을 맞출 때 설탕이나 소금 등의 양념을 더 하거나 덜 넣는 식으로 재료의 맛을 살려보세요.

봄

냉이(3~4월)
봄 양배추(3~5월)
부추(3~9월)
양파, 마늘(4~6월)
마늘종(5월)
피망, 파프리카(늦봄~초여름)
청경채(봄~가을)

여름

오이, 가지(4~8월)
감자(6~9월)
상추, 애호박, 깻잎, 꽈리고추(6~10월)
토마토, 조선호박(7~9월)

가을

고구마(8~10월)
가을 양배추(9~11월)
대파, 쪽파(9~12월)
무(11월 이후)
배추(11~12월)

겨울

브로콜리(11~3월)
당근(11~2월)
시금치(11~3월)

출처: 농림축산식품부 - 농식품정보누리, 네이버 지식백과

> 살림팁

한 번에 4가지 나물 만들기

갖가지 나물 때려 넣고, 고추장 한 숟갈에 참기름 호로록 둘러 쓱쓱 비벼서 한 그릇 먹고 싶을 때가 있잖아요.
하지만 나물 하나하나 만들 생각하면 그냥 포기하거나 사 먹고 말죠. 그럴 때 이 방법을 써보세요.
비빔밥, 잡채, 김밥 등 여러 채소가 필요할 때 유용합니다.

● **재료**(각 재료를 채 썰었을 때 담뿍 한 줌 정도)
  콩나물, 애호박, 무, 표고버섯, 숙주 등
  냉장고에 있는 채소 아무거나

● **양념**
  국간장 또는 새우젓(간 맞추기)
  분말 육수(감칠맛 더하기, 설탕과 소금으로 대체 가능)
  다진 파, 다진 마늘(개운한 맛)
  통깨, 참기름(고소한 맛)

1. 콩나물을 제외한 모든 채소는 가늘게 채 썬다.
2. 밑이 넓은 냄비에 채소를 넣고 물을 100~150㎖를 붓는다. 뚜껑을 덮은 후 중약불에서 약 7~8분 익힌다.
3. 한 김 식힌 후 냄비 그대로 각 채소를 따로 양념해 조물조물 무친다.
4. 바로 먹으면 제일 좋지만, 냉장 보관하면 며칠은 괜찮다.

+ 콩나물: 국간장 0.5큰술, 분말육수 1/4큰술, 파, 마늘, 통깨, 참기름
+ 애호박: 새우젓 0.3큰술, 분말육수 1/4큰술, 파 마늘, 통깨, 참기름
+ 무나물: 국간장 0.5큰술, 분말육수 1/4큰술, 파, 마늘, 들깻가루, 들기름
+ 표고버섯: 국간장 0.5큰술, 분말육수 1/4큰술, 파, 마늘, 들깻가루, 들기름

Q 분말육수가 뭐예요?

코인육수를 가루 형태로 만든 제품이에요. 첨가물 없이 천연 재료를 사용한 제품을 사면 부담 없이 감칠맛을 더할 수 있어요. 없을 때는 빼도 상관없어요. 비빔밥용이라면 여기에 고추장이 더해질 거고, 잡채에도 김밥에도 나름의 간이 더해질 거니까요.

작은 요플레컵 용량이 100㎖니 계량할 때 참고하세요.

나물을 쪘던 냄비 그대로 바로 양념해요.

만능소스

끓일 필요 없다! 짠 내 없이 산뜻
만능 장아찌소스

양파, 오이, 버섯 장아찌 등에 두루 사용할 수 있는 끓이지 않고 만드는 간장 소스예요.
물 대신 맛술을 넣으면 보존 기간이 더 길어지고, 간을 심심하게 하고 싶으면 물을 1컵 더 추가하세요.
소스를 한 번만 쓰고 버리는 게 아깝다면 한 번 끓인 후 식혀서 사용하면 됩니다.

가벼운 맛이 좋으면 물 1컵 추가

간장 2컵 : 맛술 2컵 : 식초 1컵 : 원당 1컵

만능 장아찌소스를 부어주기만 하면
완성되는 꽈리고추 장아찌!

덮밥, 주먹밥, 비빔밥, 김밥, 맨밥에도 OK!

만능 김치볶음

고기까지 들어간 김치볶음을 소스처럼 미리 만들어 냉장고에 넣어 두세요.
여기저기 한 수저 올리기만 해도 요리 완성도가 달라집니다.
자취생, 1인 가구, 맞벌이, 시간 없을 때, 귀찮을 때 모든 상황에 어울려요.

● **재료**

다진 김치 3컵
돼지고기 다짐육 200g
양파 중간 크기 1/2개
대파 흰 부분 20cm

● **양념**

올리브유 5큰술
원당 0.5큰술
고춧가루 1~2큰술
간장 1큰술
고추장 1큰술
후추, 참기름, 통깨

1. 김치, 양파, 대파는 잘게 다진다.
2. 돼지고기는 맛술 1큰술과 후추를 약간 넣어 밑간한다.
3. 팬에 올리브유 5큰술을 두르고, 다진 파와 양파를 먼저 볶아서 파기름을 낸다.
4. 여기에 돼지고기와 원당을 넣고 볶는다. 고기가 익으면 김치, 고춧가루, 간장, 고추장을 넣고 한 번 더 볶는다. 불을 끄고 참기름, 후추, 통깨를 뿌려 마무리한다.

+ 다진 김치 3컵은 종이컵 3컵으로 약 500g이에요.
+ 돼지고기 다짐육은 후추와 미림으로 밑간해요.
+ 원당은 설탕으로 대체할 수 있어요.

채소 요리 074 ○ 075

만능소스 | 당근 11~2월

프랑스 당근 라페? 한국엔!
만능 당근김치

프랑스의 당근 라페. 건강에도 활용도도 좋아서 유명하죠. 하지만 우리에겐 한국식 당근김치가 있다는 사실!
중앙아시아에 사는 고려인들이 고향의 맛을 그리워하면서 만들었다고 해요.
덮밥부터 비빔밥, 김밥, 라면 밑반찬까지 한식 여기저기 다 잘 어울립니다.

● 재료

당근 중간 크기 3개 약 700g

● 양념

천일염 1큰술
고운 고춧가루 1큰술
식초 3큰술
꿀 또는 올리고당 2큰술
후추 약간
올리브유 4큰술
다진 마늘 1큰술

1. 당근 3개는 무생채 굵기로 채 썬다. 천일염 1큰술을 넣고 골고루 무친 후 30분간 절인다.
2. 잘 절인 당근은 물기를 꼭 짜낸 후 분량의 고춧가루, 식초, 꿀, 후추를 넣고 조물조물 무친다.
3. 팬에 올리브유 4큰술을 두르고, 다진 마늘 한 큰술을 넣어 볶는다. 마늘을 바글바글 끓여 마늘기름을 만든다.
4. 끓인 마늘기름을 그대로 당근에 붓는다. 골고루 버무려서 반찬 그릇에 담으면 끝.

묘식당 Pick!

묘식당 Pick!

냉이 3~4월 | 비빔밥용 양념장

봄이 어떤 맛인지 궁금할 때, 냉이밥과 냉이김밥

냉이밥 재료 (3인분)

냉이 200g
잡곡밥 3공기

냉이김밥 재료 (3인분)

당근 1개
달걀 3개
김밥용 김
소금, 참기름, 통깨

비빔밥용 양념장

간장 3큰술
물 3큰술
매실액 1큰술
고춧가루 1큰술
다진 파 2큰술
다진 마늘 0.3큰술
참기름 1큰술
통깨 1큰술

냉이밥

1 깨끗이 다듬은 냉이는 끓는 물에 소금 반 큰술을 넣고 30~40초 정도 살짝 데친다. 찬물에 여러 번 헹구어 물기를 꽉 짠 후 잘게 썬다.

2 잡곡밥 3공기에 냉이를 넣고 소금 반 티스푼, 참기름, 통깨 듬뿍 뿌려서 골고루 섞는다. 구운 김에 싸서 양념간장을 찍어 먹는다.

냉이김밥

1 당근 1개는 채 썰어서 소금 두 꼬집을 넣은 후 올리브유에 살짝 볶는다. 달걀 3개는 소금 두 꼬집과 후춧가루를 넣어 곱게 풀어 달걀말이를 한 후 세로로 3등분한다.

2 김밥용 김에 냉이밥 한 주먹 분량을 얇고 넓게 깐다. 당근과 달걀을 넣고 말아준다.

3 참기름을 바르고 통깨를 뿌린 후 먹기 좋게 썰어 접시에 낸다.

냉이밥

끓는 물에 소금 반 큰술을 넣고 30~40초 정도만 살짝 데쳐요.

냉이김밥

봄 양배추 3-5월, 가을 양배추 9-11월 | 만능소스 활용

사계절 비상식, 양배추 덮밥

재료(1인분)

밥 1인분
양배추 담뿍 한 줌 100~120g
만능 김치볶음(74쪽)
달걀 1개
다진 쪽파 약간
소금, 후추
식용유, 참기름

1. 양배추는 가늘게 채 썬다. 프라이팬에 식용유를 두른 후 양배추를 넣고 소금과 후추로 밑간한 후 살짝 볶는다. 계란프라이는 반숙으로 준비한다.
2. 접시에 밥, 볶은 양배추, 만능 김치볶음을 나란히 담고, 위에 달걀프라이, 참기름, 쪽파로 장식한다.

한정식집 생각나는 깻잎 간장 국수

바쁠 때 간단하게 후루룩 먹기도 좋고, 휴일에 느지막이 일어나 한 끼로 챙겨 먹기도 좋은
향긋한 깻잎 간장 국수. 들기름이나 참기름을 더하면
근사한 한 그릇 요리가 완성됩니다.

(깻잎 6~10월 말 서리 내리기 전까지)　(비빔국수용 양념장)

● **재료**(1인분)

국수 소면 1인분 100g
청양고추 1개
달걀노른자 1개
깻잎 5장

● **비빔국수용 양념장**

간장 2큰술
올리고당 1큰술
들기름 1큰술(참기름으로 대체 가능)
매실액 1큰술
들깻가루 1큰술(참깨로 대체 가능)
다진 마늘 0.3큰술

1 깻잎 5장을 겹친 후 한 번에 꼭지를 잘라내고 돌돌 말아서 가늘게 채 썬다. 청양고추는 잘게 다진다. 분량의 양념장을 만든 후 청양고추 다진 것을 넣어 섞는다.
2 끓는 물에 국수 1인분을 삶아 찬물에 여러 번 헹군 후 물기를 뺀다.
3 국수와 양념장을 골고루 버무려 그릇에 담고, 채 썬 깻잎과 달걀노른자를 올린다.

+ 소면 1인분은 100원짜리 동전 크기 정도예요.

여름이구나, 둥근 호박 고추장찌개

초여름 날씨가 더워지기 시작하면 시장이나 마트에 '조선호박'이라고도 부르는 둥근 호박이 보이기 시작해요.
둥근 호박은 사계절 먹을 수 있는 애호박보다 식감이 부드럽고 달큰해서 감자와도 잘 어울리죠.
얼큰하게 끓여내면 무더운 여름 입맛 없을 때도 밥 한 공기 뚝딱입니다.

> 조선호박 7~9월

● 재료(2~3인분)

둥근 호박 1개
감자 2개
양파 작은 거 1개
홍고추 2개
대파 1대
식용유 약간
멸치육수 700~800㎖

● 양념

다진 마늘 1큰술 듬뿍
고춧가루 1큰술
고추장 1큰술
국간장 1큰술
까나리액젓 1큰술
새우젓 약간

1. 호박, 감자, 양파는 1.5cm 간격으로 깍둑썰기하고, 홍고추와 대파는 어슷하게 썬다.
2. 냄비에 식용유를 두르고 감자와 다진 마늘 1큰술 넣어 중불에서 반쯤 익을 때까지 볶는다.
3. 약불로 줄이고, 고춧가루 1큰술, 고추장 1큰술을 넣어 1분간 더 볶는다.
4. 육수를 붓고 강불에서 팔팔 끓인다.
5. 감자가 익으면 호박과 양파를 넣고 국간장, 액젓, 새우젓으로 간을 한다. 한소끔 더 끓인 후 대파와 홍고추를 넣어 마무리한다.

+ 둥근 호박은 애호박으로 대체 가능해요.
+ 까나리액젓은 멸치액젓이나 참치액으로 대체할 수 있어요.
+ 새우젓 대신 소금을 넣어도 돼요.

채소 요리

> 오이 4~8월

오이 한 바구니 사 왔다면, 오이무침 3가지

- **재료**

    오이 2개(소금 반 큰술에 절이기)

- **양념**

    간 참깨 3큰술
    간장 1큰술
    레몬즙 1큰술(식초로 대체 가능)
    올리고당 2큰술
    참기름 1큰술
    마요네즈 반 큰술

❶ **참깨 소스 오이무침**

1 오이 2개는 얇게 썰어서 소금 반 큰술에 10분간 절인다.
2 곱게 간 참깨 3큰술에 분량의 양념을 넣어 골고루 섞는다.
3 오이 물기를 꼭 짜낸 후 양념을 부어 조물조물 무친다.

오이 4~8월

- **재료**
    오이 1개(소금 두 꼬집에 절이기)
    양파 1/2개

- **양념**
    간장 2큰술
    물 3큰술
    식초 3큰술
    원당 3큰술(수저 깎아서)
    고추냉이 1/2티스푼
    참깻가루 1큰술(토핑용)

❷ **오이양파 샐러드무침**

1. 오이 1개는 꼭지를 자른 후 세로로 길게 반을 잘라 얄팍하고 어슷하게 썬다. 양파 반개는 얇게 채 썬다.
2. 오이에 소금 두 꼬집을 넣어 20분간 절인다. 양파는 찬물에 20분 담가 매운맛을 빼준다. 오이는 물에 한 번 헹궈 채반에 걸쳐 물기를 빼고, 양파도 역시 물기를 빼준다.
3. 분량의 양념을 섞어 소스를 만든다. 접시에 오이와 양파를 차례로 올린 후 소스를 붓고 맨 위에 같은 참깨를 뿌린다.

이때 오이 물기를 꽉 짤 필요 없어요.

오이 4~8월

- **재료**
  오이 2개

- **양념**
  소금 1티스푼
  분말육수 2꼬집 또는 참치액 반 큰술
  레몬즙 1큰술
  다진 마늘 반 큰술
  참기름 1큰술
  후추 약간
  참깻가루 1큰술(토핑용)

❸ 아코디언 오이무침

1. 오이 2개는 나무젓가락을 밑에 대고 완전히 잘리지 않게 1mm 간격으로 얇게 썬다.
2. 한입 크기인 3cm 간격으로 똑똑 자른 후 지퍼백에 담고, 분량의 양념을 넣는다.
3. 지퍼백을 조물조물 잘 섞는다. 지퍼를 한 번 더 꽉 잠근 후 20분 정도 둔다. 접시에 양념 국물과 함께 담고, 위에 참깻가루를 뿌려 낸다.

+ 기호에 따라 단맛을 약간 추가해도 좋아요.

> 월남쌈 소스

다이어트부터 손님상까지 오이두부 월남쌈

● 재료

두부 반 모 250g
오이 1개
달걀 1개
당근 1/2개
올리브유 1큰술
참기름 1큰술
쌀종이 7~8장
소금, 후추 약간

● 월남쌈 소스 황금비율

간장 2큰술
물 3큰술
식초 3큰술
원당 또는 알룰로스 3큰술
연겨자 0.5티스푼

1. 두부 반 모는 1cm 간격으로 잘라 키친타월 위에 올리고 소금을 한 꼬집 뿌려 물기를 뺀다.

   오이 1개는 가늘게 채 썬 후 소금 0.3큰술을 뿌려 15분 정도 절인 후 손으로 물기를 꽉 짠다.

   당근 1/2개도 같은 굵기로 채 썬 후 올리브유 1큰술을 넣고 살짝 볶아 식혀준다.

2. 물기를 뺀 두부는 으깬 후 프라이팬에 한 번 볶아 수분을 날린다. 어느 정도 수분이 날아가면 달걀과 소금, 후추를 넣어 볶은 후 식혀준다.

3. 쌀종이를 미지근한 물에 슬쩍 담갔다가 꺼낸다. 두부, 오이, 당근을 순서대로 올리고 말아서 소스에 찍어 먹는다.

가운데 올리고

돌돌 말아서

양쪽을 접은 후

다시 돌돌 말면 끝!

가지의 재발견, 가지소박이

묘식당
Pick!

가지 4~8월

재료

가지 3개
부추 60g
양파 1/2개
당근 1/3개
깻잎 5장(생략 가능)
까나리액젓 3큰술

양념

다진 마늘 1큰술
고춧가루 소복하게 2큰술
간장 1큰술
매실액 2큰술
참기름 1큰술
소금 두 꼬집
통깨 듬뿍

1. 가지는 꼭지를 자르고 3~4 등분한 후 가운데 십자로 칼집을 넣는다. 끝까지 자르지 말고 2/3까지만 칼집을 넣어야 한다.
2. 부추, 양파, 당근, 깻잎은 0.5cm 크기로 작게 자른다.
3. 찜기에 물이 끓어오르면 3~4분간 짧게 찐 후 냉동실에 넣어 바로 식힌다. 식힌 가지에 액젓 3큰술을 넣은 후 간이 배도록 손으로 살짝 섞어준다.
4. 다진 채소에 분량의 양념을 넣어 소를 만든다. 밑간이 된 가지를 벌려 양념소를 듬뿍 넣는다.

+ 까나리액젓은 멸치액젓이나 참치액으로 대체할 수 있어요.

액젓 간이 잘 배도록 가지를 벌려 살짝 문질러주세요.

빨리 식혀야 식감과 색깔이 살아나요.

양념이 짜지 않아 소를 듬뿍 넣어도 맛있어요.

채소 요리

식감이 예술인 오이장아찌

무더위가 슬슬 시작되면 본격적인 오이의 계절이 찾아와요.
입맛 없을 때 찬물에 밥 말아 장아찌 하나 올려 먹으면 잃었던 밥맛이 어느새 제자리를 찾더라고요.
특히나 살짝 말려서 담근 오이장아찌는 식감이 남달라서 한번 먹어보면 잊지 못하는 맛이에요.

묘식당 Pick!

오이 4~8월 / 만능소스 활용

- **재료**
  오이 8개
  양파 1/2개
  마늘 4쪽
  홍고추 2개
  청양고추 2개
  굵은소금 한 줌

- **절임물** (만능 장아찌소스 72쪽)
  간장 2컵
  맛술 2컵
  식초 1컵
  원당 1컵

1. 오이 8개는 깨끗이 씻는다. 꼭지 부분 2cm를 남겨두고 세로로 4등분 한다. 굵은소금을 가볍게 한 줌 집어 오이 구석구석 골고루 뿌려주고 2시간 정도 절인다.
2. 절인 오이는 흐르는 물에 한두 번 헹군다. 옷걸이에 걸어 직사광선을 피해 서늘한 곳에서 하루 말린다. 하루 지나면 물기 없이 꾸들꾸들한 느낌으로 낭창해진다.
3. 말린 오이의 양 끝을 살짝 잘라 보기 좋게 다듬고, 2등분해서 통에 담는다. 양파, 마늘, 고추를 먹기 좋게 썰어 함께 넣는다.
4. 절임물을 부은 후 뚜껑을 닫아 냉장고에 보관한다. 하루 그대로 두었다가 다음 날부터 먹을 수 있다.

2시간 넘게 절이면 너무 짜요.

그래서 별명이 '옷걸이 짱아찌!'

꽈리고추 6~10월　만능소스 활용

맵싸하고 개운한 꽈리고추채 장아찌

● **재료**
꽈리고추 400g 60개 내외

● **절임물** (만능 장아찌소스 72쪽)
　간장 2컵
　맛술 2컵
　식초 1컵
　원당 1컵

1　꽈리고추는 깨끗이 씻어 물기를 제거한 후 꼭지를 딴다. 반으로 갈라서 씨를 대충 제거하고 채 썬다.

2　채 썬 고추를 통에 담고, 분량의 절임물을 골고루 붓는다. 뚜껑을 덮고 실온에서 하루 묵힌 후 냉장고에 넣고 먹는다.

+　원물의 양이 적으면 양을 반으로 줄여서 해보세요.
+　꽈리고추는 6~10월까지 나지만, 7~8월에 가장 맛있어요. 여름을 놓치지 말고 장아찌를 담아보세요.

라면 끓일 줄 아세요? 그렇다면 3분 잡채

잡채는 명절, 생일 등이나 돼야 식탁에 오르죠. 누구나 좋아하는 호불호 없는 음식이지만 번거로워서 자주 해 먹지는 못하잖아요. 그래서 간장양념과 채소만 미리 준비해 냉장고에 넣어 두었다가 언제라도 바로 쉽게 만드는 방법을 소개해요.

사계절 | 잡채용 양념장

재료(5~6인분)

당면 200g
양파 2개
당근 2개
어묵 6장
느타리버섯 2줌
청경채
올리브유, 소금, 후추
참기름, 통깨

잡채용 양념장 황금비율

간장 100㎖
맛술 50㎖
굴소스 5큰술
노추 2큰술(생략 가능)
원당 5큰술(설탕 4큰술로 대체 가능)
다진 마늘 2큰술
다진 청양고추 1큰술
생수 800㎖

잡채용 재료 밀프렙 - 일주일 보관 가능

1. 당면은 찬물에 담가 1시간 남짓 불린 후 물기를 빼고 통에 담는다.
2. 양파와 당근, 어묵은 가늘게 채 썬다. 버섯은 잘게 찢고, 청경채는 꼭지를 잘라낸 후 씻어서 물기를 빼준다.
3. 분량의 양념을 섞어 잡채용 간장소스를 만든다. 당면과 부재료, 소스를 각각 통에 담아 냉장보관한다.

+ 청경채는 시금치, 부추 등 파란 채소로 대체할 수 있어요.

Q 노추(노두유)가 뭔가요?

유명 맛집이나 잡지에서 보는 갈비나 족발, 잡채, 동파육 등은 보기만 해도 먹음직스럽고 윤기가 나며 갈색빛이 도는데, 왜 내가 만든 음식은 색이 흐릿한지 궁금한 적 없으세요? 그 비밀이 바로 이거예요. 노추는 진한 풍미의 중국식 간장이라고 보면 돼요. 예전 어머님들은 색을 낼 때 노추 대신 캐러멜 소스를 사용했어요.

잡채 만들기

1. 프라이팬에 올리브유를 두른다. 당면 한 줌, 채소 한 줌씩을 넣고 1분간 강불에서 빠르게 볶다가 잡채용 양념장 2~3국자를 넣고 1분간 더 볶는다.
2. 마지막으로 청경채 한 줌을 올리고 뚜껑을 덮고 약불에서 1분 익힌다. 불을 끄고 참기름, 통깨, 후추를 뿌려 마무리한다.

청경채는 마지막에 살짝 익혀야 식감이 살아 있으니 먼저 넣지 마세요.

간이 부족하면 마지막에 소금을 약간 추가하세요.

그거 말고 이번 명절엔 아삭이고추전

명절 음식 준비할 때 큰 고민 중 하나가 바로 '전'이잖아요. 동그랑땡, 버섯전, 꼬치전 등 다 맛있지만 기름을 많이 사용하는 전의 특성상 명절 후 체중 증가의 원흉(?)이기도 해요. 오늘은 많이 먹어도 부담 없고, 만들기도 간단한 아삭이고추전 소개할게요.

묘식당 Pick!

오이고추 7~9월 · 찍먹용 간장소스

재료
아삭이고추 8개
게맛살 2줄
단무지 4줄
김밥용 햄 4줄
쌀종이 8장
빵가루 약간
식용유

찍먹용 간장소스 황금비율
간장 2큰술
물 2큰술
매실액 1큰술
올리고당 1큰술
식초 1/2큰술
다진 쪽파 약간

1. 아삭이고추는 꼭지와 끝부분을 자른다. 세로로 칼집을 내서 씨를 완전히 제거한다.
2. 맛살은 김밥용 단무지 굵기와 비슷하도록 반으로 갈라 2등분한다.
   단무지는 키친타월로 감싸 물기를 제거한 후 2등분한다.
   햄은 뜨거운 물에 한 번 담가 첨가물을 살짝 빼고, 키친타월로 물기를 제거한 후 2등분한다.
3. 아삭이고추를 벌려 게맛살, 단무지, 햄을 안에 넣는다.
4. 쌀종이를 물에 적셔 아삭이고추를 돌돌 만 후 빵가루나 부침가루에 한 번 굴려준다.
5. 프라이팬에 식용유를 두르고 노릇하게 굽는다.

+ 초간장을 싫어한다면 식초는 생략해도 돼요.

쌀종이가 서로 달라붙는 것을 방지하려는 거예요.

가을이구나, 무배추전

무랑 배추가 함께 있는 모습을 보면 항상 생각나는 만화가 있어요. 바로 '배추도사 무도사'인데요. 집에 남은 무와 배추가 있다면 채 썰어 부침개를 부쳐보세요. 담백하고 달큼한 게 맛있는데, 소화도 잘돼서 많이 먹어도 부담스럽지 않아요.

무 10~12월, 배추 11~12월   찍먹용 간장소스

● **재료**(2인분)

배춧잎 5장
무 300g
소금 약간
달걀 2개
식용유
부침가루 1컵
물 1컵

● **찍먹용 간장소스 황금비율**

간장 2큰술
물 2큰술
매실액 1큰술
올리고당 1큰술
식초 1/2큰술
다진 쪽파 약간

1. 배춧잎과 무는 채 썰어서 소금 0.3큰술에 10분간 절인 후 물기를 꼭 짠다.
2. 분량의 부침가루와 물, 달걀을 풀어 반죽을 만든다. 배추와 무를 넣어 골고루 섞는다.
3. 프라이팬에 식용유를 넉넉히 두른다. 반죽을 넓고 얇게 펴서 중불에서 앞뒤로 노릇하게 구워, 소스와 함께 낸다.

+ 초간장을 싫어한다면 식초는 생략해도 돼요.

부침개를 부칠 때는 식용유를 넉넉하게 둘러야 바삭하고 맛있어요.

겨울이구나, 감자 무조림

무에는 소화를 돕는 효소가 있어 감자와 함께 조리하면 속이 편해집니다.
날이 선선해지기 시작하면 달큼한 무에 구수한 감자를 넣어
국물 자작하게 조려보세요. 다른 반찬 없이도 식탁이 풍성해집니다.

무 10~12월 / 채소 조림용 양념장

재료

- 무 700g (작은 무 하나 정도)
- 감자 3개 300g
- 대파 1대
- 양파 중간 크기 1개
- 청양고추 1개
- 홍고추 1개
- 다시육수 700~800ml
- 참기름, 통깨

채소 조림용 양념장 황금비율

- 간장 6큰술
- 고춧가루 3큰술
- 까나리액젓 2큰술
- 맛술 2큰술
- 올리고당 2큰술
- 다진 마늘 듬뿍 1큰술
- 생강가루 약간

1. 무와 감자는 2cm 굵기로 썰고 양파는 굵게 채 썬다. 대파와 고추는 어슷하게 썬다.
2. 분량의 양념을 섞어 양념장을 만든다. 냄비에 무를 깔고 양념장을 반만 올린다. 육수는 가장자리에 돌려가며 자작하게 잠기게 붓는다.
3. 중불에서 끓이다가 무가 반쯤 익었을 때 감자, 양파를 넣고 나머지 양념장과 육수를 부어준다. 이때 양념장은 다 붓지 말고 간을 보면서 조절한다.
4. 뚜껑을 덮고 계속 중불에서 끓인다. 무와 감자가 다 익으면 약불로 줄인 후 대파와 고추를 넣고, 참기름과 통깨로 마무리한다.

중간중간 옆에 있는 국물을 끼얹으면서 조려요. 무나 감자가 눌어붙지 않도록 순가락으로 한 번씩 들춰주세요.

쭉쭉 늘어나는 아코디언 무조림

이자카야에 갔을 때 이런 메뉴 본 적 있을 거예요. 집에서도 충분히 만들 수 있습니다.
무에 앞뒤로 칼집을 내면 아코디언처럼 쭉쭉 늘어나 양념도 잘 배고,
익히는 시간도 줄일 수 있어요. 무엇보다 식감이 재밌습니다.

무 10~12월

• **재료**

무 400g
식용유 약간
들기름
다진 파 약간

• **양념장**

물 50ml
간장 50ml
맛술 50ml
원당 1스푼(무의 쓴맛 제거)
다진 마늘 1/3큰술
굴 소스 1/2큰술
노추 1/2큰술(생략 가능)
생강가루 약간

1 무는 1.5cm 두께로 자르고, 대파는 다져서 한 줌 정도 준비한다.
   무는 나무젓가락을 밑에 대고 2mm 간격으로 칼집을 낸다.
   무를 뒤집은 후 45도 정도로 살짝 틀어서 다시 칼집을 낸다.

2 분량의 재료들을 넣어 양념장을 만든다.

3 프라이팬에 식용유나 올리브유를 두르고 앞뒤로 노릇하게 무를 굽는다. 중약불에서 70% 정도만 익혀야 한다.

4 무가 거의 익었으면 약불로 줄인다. 만들어둔 양념장을 발라 앞뒤로 골고루 졸인다.

5 완성된 무조림 위에 들기름을 뿌리고 다진 파 올려주면 완성!

+ 노추는 까무잡잡한 색과 윤기를 내기 위해 넣는 거예요. 없으면 빼도 됩니다.

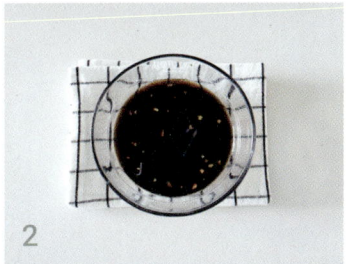

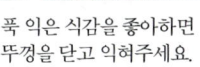
푹 익은 식감을 좋아하면 뚜껑을 닫고 익혀주세요.

'마리네이드'는 깊은 풍미를 살리기 위해 고기나 생선을 양념에
미리 재워두는 것을 말해요. 토마토 마리네이드는 이제 흔하지만, 이번에는
직접 만든 토마토소스를 사용해 볼게요. 샐러드나 파스타, 육류 요리와 잘 어울리고,
하루 정도 숙성해 차갑게 먹으면 더 맛있습니다.

토마토 7~9월

한 끗 다른 토마토 마리네이드

재료

방울토마토 1kg
양파 1/2개
바질잎 6장

소스

엑스트라 버진 올리브유 5큰술
레몬즙 2큰술
발사믹 식초 2큰술(필수!)
꿀 2큰술
소금 0.3큰술

1. 방울토마토는 꼭지를 떼고 가운데 십자 모양을 내서 끓는 물에 10~20초 정도 데친다.
2. 데친 토마토는 찬물에 여러 번 헹궈 열기를 빼주고 껍질을 제거한다. 양파와 바질은 잘게 다져서 준비한다.
3. 볼에 재료를 넣고 분량의 소스로 가볍게 버무린다. 밀폐용기에 담아 냉장보관한 후 차갑게 먹는다.

+ 바질잎은 파슬리가루로 대체할 수 있어요.
+ 방울토마토 대신 큰 토마토를 잘라서 써도 좋아요.
+ 발사믹 식초가 없으면 특유의 맛이 나질 않아요. 꼭 발사믹 식초를 써주세요.

채소 요리

밀가루와 첨가물 없이 토마토 감자 팬케이크

요즘 건강에 관심 있는 사람들이 많아지다 보니 토마토를 식사 대용으로 하는 경우가 많아요.
하지만 토마토만 먹기엔 뭔가 좀 허전하죠? 그럴 때는 감자를 곁들여 보세요.
토마토와 잘 어울리면서도 든든해서 한 끼 식사로도 충분해요.

묘식당 Pick!

> 감자 6~9월

● **재료**(1인분)

감자 2개
토마토 1/2개
체다 슬라이스 치즈 2장
모차렐라 치즈 약간
달걀 1개
소금, 후추
올리브유

1. 감자 2개는 가늘게 채 썰어 소금 한 꼬집을 넣고 10분간 절인다.
2. 토마토는 얇게 4~5장으로 슬라이스한 후 소금을 살짝 뿌려 밑간한다.
3. 달걀 1개는 소금 한 꼬집, 후추를 넣고 곱게 풀어준다.
4. 감자는 꼭 짜고, 토마토는 키친타월을 올려 물기를 제거한다.
5. 팬에 올리브유를 두른다. 약불에 감자채를 넓고 얇게 편 후 달걀물을 부어준다.
6. 밑면이 노릇하게 익으면 뒤집어서 치즈, 토마토, 모차렐라 치즈를 올린다. 반으로 접어 앞뒤로 노릇하게 익힌다.

+ 기호에 따라 케첩이나 칠리소스를 뿌려 먹어요.

고구마 8~10월

밀가루와 첨가물 없이 초간단 고구마 쿠키

● **재료**(2인분)

고구마 작은 것 2~3개
견과류 한 줌
올리브유

1. 고구마는 1cm 두께로 자른 후 전용용기에 담아 전자레인지에서 3분 익힌다.
2. 도마에 종이포일을 깔고 고구마를 올린 후 다시 종이포일로 덮는다. 이제 컵 밑면으로 눌러서 납작하게 만든다.
3. 고구마 위에 올리브유를 바르고 잘게 다진 견과류를 토핑한다. 180도로 예열한 오븐에서 20~25분 굽는다.

찔 때 물을 20~30㎖ 넣으면 더 잘 익어요.

각 가정의 에어프라이어나 오븐 용량에 따라 굽는 시간을 조절하세요.

채소 요리

밀가루와 첨가물 없이 시금치 달걀빵

시금치 하면 영양 듬뿍이 떠오르잖아요. 철분이 풍부한 시금치는 국이나 나물, 혹은 김밥 재료로 많이 사용하는데요. 빵으로 만들어 먹어도 촉촉하고 든든해서 한 끼 식사로도 아이들이나 어른들 간식으로도 좋아요.

묘식당 Pick!

(시금치 11~3월)

* **재료**(4인분)

시금치 100g
양파 1/2개
당근 1/2개
식빵 2장
달걀 5개
우유 2~3큰술
올리브유
소금, 후추 약간

1. 시금치는 2cm 길이로 썰고, 양파와 당근은 가늘게 채 썬다. 식빵 2장은 2cm 크기의 네모 모양으로 썬다.
2. 달걀 5개를 소금, 후추로 밑간한 후 우유 2~3큰술을 넣어 곱게 푼다.
3. 팬에 올리브유를 두른다. 양파와 당근을 넣고 소금, 후추로 밑간한 후 반쯤 익을 정도로 볶는다.
4. 볼에 볶은 채소, 시금치, 식빵을 넣고 달걀물을 부어 골고루 섞는다.
5. 팬에 올리브유를 두른다. 반죽을 부어 넓고 얇게 편다. 뚜껑을 덮고 약불에서 천천히 익힌다.
6. 밑면이 노릇하게 익으면 뒤집어서 반대편도 익힌다. 한 김 식힌 후 먹기 좋게 자른다.

+ 기호에 따라 슈거파우더나 메이플 시럽을 뿌려 먹어도 좋아요!

채소 요리

밀가루와 첨가물 없이 고구마 감자호떡

달콤한 고구마와 포슬포슬한 감자가 만나면 어떨까요? 밀가루 없이 찹쌀가루를 이용해 남녀노소 누구나 좋아하는 고구마 감자호떡을 만들어 보세요. 작고 동그랗게 만들면 한입에 쏙 들어가니 질리지도 않고, 겨울철 간식으로도 그만이에요.

> 고구마 8~10월, 감자 6~9월

- **재료**(2인분)

  고구마 2개 300g
  감자 1개 100g
  찔 때 물 약간
  식용유 5~6큰술
  통깨 1큰술

- **반죽**

  찹쌀가루 50g(종이컵으로 반 조금 넘는 양)
  소금 0.5티스푼
  원당 1큰술
  올리브유 2~3큰술

- **참깨소**

  간 참깨 2큰술
  흑설탕 2큰술
  소금 0.5티스푼
  참기름 1큰술

1. 고구마와 감자는 껍질을 벗겨 깍둑썰기한다. 물을 20~30㎖ 넣은 후 전자레인지에 5분간 돌린다. 꺼낸 후 분량의 반죽 재료를 넣고 곱게 으깬다.
2. 여러 번 충분히 치댄 후 반죽을 달걀 크기 정도로 떼어 동글동글 굴린다. 반죽을 손바닥으로 납작하게 누른 후 가운데 구멍을 만들고, 참깨소를 넣어 모양을 잡는다.
3. 팬에 식용유를 넉넉히 두르고, 약불에서 앞뒤로 눌러 가며 노릇하게 익힌다.

많이 치댈수록 반죽이 맛있어요.

Chapter 3

달걀과 두부

"엄마의 달걀찜과 두부찌개"

이 음식에 대한 추억 하나씩은 다 마음에 간직하고 있을 거예요.
저렴하지만 훌륭한 단백질인 데다가 어떤 요리로도 변신할 수 있어
아이부터 어른, 환자식으로도 유용합니다.
냉장고에 늘 있는 이 재료로 평소와는 좀 다른 메뉴들을 소개합니다.
간식으로, 한 끼 식사로, 또는 손님 접대용으로
간단하고 맛있게 준비해 보세요.

살림팁

구매부터 보관까지
달걀, 어떤 거 사세요?

맨날 사야 하는 달걀, 이번 기회에 확실히 알아볼게요.
보통은 날짜와 개수, 가격을 보고 사잖아요? 세일할 때 왕창 사기도 하고요.
나쁘진 않지만 더 신선한 달걀을 고르는 방법이 있어요.

하나. 난각번호 확인하기

달걀 껍데기를 보면 10자리 숫자가 있어요. '난각번호'라고 부르는데, 출하 날짜, 이 달걀을 낳은 닭이 사는 농장정보와 사육환경을 알려줘요. 농장정보는 foodsafetykorea.go.kr에서 확인할 수 있으니 참고하세요. 살 때는 날짜와 맨 끝 사육환경 번호를 확인하세요.

1번	2번	3번	4번
방사 (방목장에서 자유롭게)	축사 내 평사 (9마리/m²)	개선된 케이지 (13마리/m²) (0.075m²/마리)	기존 케이지 (20마리/m²) (0.05m²/마리)

1월 29일에 낳은 달걀이고,
농장번호 5글자가 쓰여있네요.
맨 끝 한 글자가 사육환경이에요.
당연히 난각번호 1번이 가장 좋겠죠?

둘. 눈으로 보고 만져보기

① 달걀 껍데기가 매끈하고 광택이 있는 게 젊은 닭이 낳은 달걀이에요. 윤기가 없고 만졌을 때 가슬가슬한 달걀은 노계가 낳은 달걀이래요.
② 깨뜨렸을 때 달걀이 옆으로 퍼지지 않고, 특히 노른자가 볼록하고 탄력 있어야 해요.
③ 물에 넣었을 때 바닥에 가라앉으면 신선해요. 물에 뜨는 달걀은 신선도가 떨어집니다.

노른자와 흰자가 볼록한 달걀

노른자와 흰자가 넓게 퍼지는 오래된 달걀

달걀 신선하게 보관하기

씻지 말고 _ 달걀 껍데기에는 세균 침투를 막는 자연보호막이 있으니 씻지 말고 그대로 보관하세요.

뾰족한 부분이 아래로 가게 넣은 후 _ 둥근 부분에는 '기실'이라고 하는 공기주머니가 있어서 달걀이 숨을 쉬도록 한대요. 신선도 유지에 도움이 되니 뾰족한 쪽이 아래로 가게 하세요.

냉장고 안쪽 선반에 보관 _ 달걀은 음식 냄새를 잘 흡수해요. 전용용기나 밀폐용기에 담아 온도 변화가 심하지 않은 냉장고 안쪽 선반에 보관하세요.

숨구멍이 있는 둥근 쪽은 위로

뾰족한 쪽은 아래로

> 살림팁

구매부터 보관까지
두부, 어떤 거 사세요?

우리가 아는 두부면이 포두부예요.

요리별 두부 고르기

두부는 콩으로 만들어 식물 단백질이 풍부하고 소화 흡수율이 높죠. 남녀노소 누구나 즐길 수 있고, 칼로리도 낮아서 다이어트 식품으로도 적당합니다. 찌개나 국, 전골을 끓일 때는 부드러운 찌개용 두부를, 전이나 구이로 사용할 때는 단단한 부침용 두부를 써요. 그밖에 부드러운 순두부나 볶음용으로 좋은 포두부, 기름에 한 번 튀겨낸 유부 등이 있어요.

귀찮다고 제품 용기에 그대로 두고 잘라 쓰면 안 돼요!

바로 먹을 두부는 냉장보관

두부는 수분 함량이 높아 쉽게 무르고, 공기에 노출되면 상하기 쉬워요. 먹다 남은 두부는 밀폐용기에 옮긴 후 완전히 잠기도록 깨끗한 물을 채워 냉장보관하세요. 중간에 물을 갈아주면 며칠은 신선하게 먹을 수 있어요.

오래 보관할 때는 냉동보관

오래 못 먹을 거 같으면 용기 그대로 냉동보관하세요. 해동할 때는 사용 전날 냉장실에 옮기거나 용기 그대로 찬물에 담가요. 해동한 두부는 두부강정을 만들거나 부침 요리에 쓰면 좋아요.

해동한 두부는 무거운 냄비나 도마로 지그시 눌러 물기를 빼주세요. 수분이 빠져 쫄깃한 식감이 되고, 단백질 함량은 더 높아집니다.

> 살림팁

에어프라이어로 초간단 구운 달걀 만들기

요즘은 가정에서도 구운 달걀을 쉽게 만들 수 있는데요.
보통은 압력밥솥을 이용해서 만들지만, 설거지하기도 귀찮으니
오늘은 에어프라이어로 초간단 버전 구운 달걀을 만들어 볼게요.

다 식기 전에 까면
안에 흰 막이 분리되지 않고
달라붙어 까기 힘들어요.

1   냉장고에서 꺼낸 달걀은 냉기를 빼주기 위해 실온에서 1시간 이상 둔다.

2   에어프라이어에 달걀을 넣는다.

+   일반 에프라면 120~130도에서 30분 굽고, 뒤집어서 다시 30분을 더 굽는다.

+   컨벡션 모드 에프라면 120~130도에서 1시간 굽는다.

3   완전히 식을 때까지 실온에 그대로 두면 끝!

입맛 없고 소화 안 될 때, 간장양념 수란찜

● **재료**(2~3인분)

달걀 4~5개
청양고추 1개
홍고추 1개
대파 다진 거 한 줌
김가루
참기름, 통깨

● **양념장**

간장 3큰술
물 5큰술
굴소스 1/2큰술
맛술 1큰술
다진 마늘 1/2큰술

1 고추는 씨를 제거해 잘게 다지고, 대파도 다진 후 분량의 양념장에 섞는다.
2 밑이 우묵한 그릇에 양념장을 붓고, 그 위에 달걀을 4~5개 깨뜨려 올린다.
3 찜기에 물이 끓어오르면 강불에서 5분 정도 반숙으로 찐다.
4 밥에 수란과 양념장을 올리고 참기름 통깨, 김가루를 뿌려 비벼 먹는다.

+ 굴소스는 분말육수 0.3큰술로 대체할 수 있어요.

전자레인지 5분! 채소 가득 달걀찜

- **재료**(1~2인분)

    달걀 2개
    두부 50g
    당근 1/4개
    애호박 1/4개
    물 150mℓ
    참치액 0.5큰술
    맛술 1큰술
    소금, 후추, 참기름 약간

1. 달걀 2개에 맛술, 참치액, 소금 후추 한 꼬집, 물 150mℓ를 넣고 곱게 풀어준다.
2. 두부와 호박, 당근은 0.5cm 크기로 잘게 썬다. 달걀물에 썬 두부와 채소를 넣어 섞는다.
3. 랩을 씌워 포크로 구멍을 내고 전자레인지에서 5~7분 돌린다.

- **재료**

    달걀 2개
    참치액 0.5큰술 (맛소금 두세 꼬집으로 대체 가능)
    후추, 참기름, 다진 파 약간
    뜨거운 물 150mℓ

자취생을 위한 1인분 초간단 달걀찜

1. 달걀 2개에 참치액이나 맛소금, 후추, 참기름, 다진 파를 넣고 젓가락으로 곱게 푼다.
2. 뜨거운 물 150mℓ 부어 잘 섞은 후 랩을 씌워 포크로 구멍을 낸다.
3. 전자레인지에서 3~4분 익힌다.

+ 참치액은 맛소금 두세 꼬집으로 대체 가능!
+ 뜨거운 물을 사용하면 빨리 익어서 요리 시간을 단축할 수 있어요.

전자레인지 대신 찜기를 써도 되는데, 찜기에서는 10분 이상 쪄주세요.

달걀과 두부

딴 반찬 필요 없는 반숙 달걀장

맛있는 달걀장 하나만 있으면 다른 반찬 없이도 밥 한 공기는 뚝딱이잖아요.
달걀장 생명은 바로 살아있는 반숙 노른자예요. 찜기에서 7~8분만 쪄주면
노른자가 영롱하게 살아있는 반숙달걀을 만들 수 있지요.

- **재료**

  실온에 보관한 달걀 8~10개
  빨강, 노랑 파프리카 각각 1/2개
  쪽파 한 줌
  참기름, 통깨(비벼 먹을 때)

- **절임물**

  간장 200㎖
  다시마 우린 물이나 생수 300㎖
  맛술 2큰술
  올리고당 2큰술
  원당 2큰술
  다진 마늘 0.5큰술

1. 찜기에 물이 끓어오르면 달걀을 넣고 뚜껑을 닫은 채 강불에서 7~8분간 찐다.
2. 바로 얼음물에 담가 열기를 식힌 후 껍질을 깐다.
3. 분량의 재료를 섞어 절임물을 만든다.
4. 파프리카와 쪽파는 잘게 썬다. 밀폐용기에 달걀과 절임물을 붓고 채소를 넣는다.

+ 파프리카는 청고추나 홍고추로 대체할 수 있어요.
+ 밥에 비벼 먹을 때는 고추보다 파프리카가 아삭하게 씹히는 맛이 좋아요. 매운맛을 좋아하면 청양고추로 대체하세요. 알싸한 맛이 또 일품입니다.

냉장고에 보관하고 다음 날부터 드세요.

술안주로, 손님상으로 숙주나물 두부구이

묘식당 Pick!

- **재료**

    두부 한 모 500g
    대파 1/2대
    홍고추 1개
    숙주나물 200g
    감자전분 3큰술
    카레가루 0.3큰술
    식용유
    소금 약간

- **양념**

    굴소스 1큰술
    간장 1큰술
    다진 마늘 1큰술
    참기름 1큰술
    소금 두 꼬집
    후추, 통깨

1. 두부 한 모는 12조각으로 잘라서 키친타월 위에 올리고 소금을 살짝 뿌려 물기를 뺀다.
2. 대파와 홍고추 1개는 손가락 길이로 채 썬다. 비닐봉지에 전분 3큰술, 카레가루 0.3큰술을 담는다. 두부를 넣고 살살 흔들어서 두부에 가루가 골고루 묻도록 한다.
3. 프라이팬에 식용유를 넉넉히 두르고, 중불에서 두부를 약간 튀기듯 노릇하게 부친다. 부친 두부는 따로 접시에 옮겨 놓는다.
4. 프라이팬에 식용유를 조금 더 넣는다. 숙주와 대파, 홍고추를 넣고, 분량의 양념을 한 후 강불에서 1분간 빠르게 볶는다.
5. 접시에 두부와 숙주를 먹기 좋게 담고, 맨 위에 통깨를 살짝 더 뿌려 마무리한다.

+ 감자전분은 찹쌀가루나 부침가루로 대체해도 돼요.

짜지 않아 더 좋은 두부 강된장

• 재료

두부 1모 300g
감자 중간 크기 1개
양파 1/2개
애호박 1/3개
당근 1/3개
표고버섯 2개
쌀뜨물 또는 물

• 양념

된장 2큰술
고추장 1/2큰술
다진 마늘 1큰술
다진 파 2큰술
다진 청양고추, 고춧가루 약간(생략 가능)
참기름 1~2큰술

1 채소들은 0.5cm 크기로 작게 썰고, 두부는 칼을 옆으로 뉘어 으깬다.
2 뚝배기나 냄비에 채소들을 넣고, 쌀뜨물을 채소가 살짝 잠길 정도로 부어 중불에서 끓인다.
3 감자가 익으면 으깬 두부와 된장, 고추장, 다진 파, 마늘을 넣고 한소끔 더 끓인다.
4 얼큰한 맛을 좋아하면 마지막에 청양고추와 고춧가루를 약간 추가한다. 참기름을 둘러 밥에 비벼 먹는다.

+ 계절에 따라 상추나 호박잎에, 혹은 양배추를 쪄서 싸 먹어도 맛있어요.

밥 없는 두부 비빔밥

다이어트 중이거나 당뇨가 있으면 탄수화물 조절이 필요하죠.
두부는 칼로리는 적고 단백질 함량은 높아서 밥을 대신하기에 좋습니다.
또 나물이나 채소를 더하면 훌륭한 한 끼 식사로도 충분합니다.

만능소스 활용 **비빔밥용 간장소스**

● **재료**(1인분)

두부 1모 300g
달걀 2개
올리브유 2큰술
소금 두 꼬집
후추

● **비빔밥용 간장소스**

간장 3큰술
물 3큰술
매실액 1큰술
고춧가루 1큰술
다진 파 2큰술
다진 마늘 0.3큰술
참기름 1큰술
통깨 1큰술

1 두부는 키친타월이나 면포를 이용해 물기를 꼭 짠 후 으깬다. 프라이팬에 올리브유 2큰술을 두르고, 강불에서 두부의 수분을 날리듯 볶아서 두부밥을 만든다.

2 두부에 달걀 2개, 소금, 후추 약간 넣어 잘 섞은 뒤 한 번 더 볶아준다.

3 두부를 밥 삼아 양념장에 비벼 먹는다. 냉장고에 나물이 있다면 나물을 올려 고추장에 비벼 먹어도 좋다.

+ 한 번에 4가지 나물 만들기(70쪽)나 만능 김치볶음(74쪽)을 이용해 비빔밥이나 덮밥으로 응용해 보세요.

고기 없는 두부 잡채

두부는 수분이 많아서 볶음이나 무침에는 적합하지 않지만,
수분을 빼서 요리하면 고기만큼 쫄깃한 식감을 내요.
이 요리는 다이어트 중에도 추천할게요. 술안주나 손님상에도 깔끔하게 어울립니다.

- **재료**(3인분)

  두부 1모 500g
  빨강 노랑 파프리카 각각 1/2개
  양파 1/2
  대파 1/2대
  표고버섯 2개
  식용유 3큰술
  참기름 1큰술
  통깨 1큰술
  후추 약간

- **양념장**

  간장 3큰술
  물 3큰술
  굴소스 0.5큰술
  올리고당 1큰술
  다진 마늘 0.5큰술

1 두부는 손가락 하나 굵기로 잘라 16등분한다. 소금 한 꼬집을 살짝 뿌린 후 좀 놔두었다가 키친타월을 올려 물기를 빼준다.

2 두부를 에어프라이어나 오븐에 넣고 220도에서 20~25분 굽는다. 중간에 한 번 뒤집어준다.

3 파프리카, 양파, 대파, 표고버섯은 두부 모양과 비슷하게 채 썬다.

4 프라이팬에 식용유를 두른다. 양파와 대파 흰 부분을 중불에서 먼저 볶는다.

5 양파가 반쯤 익으면 나머지 재료들과 양념장을 붓고 강불에서 1분간 빠르게 볶는다. 불을 끄고 참기름, 통깨, 후추로 마무리한다.

기름 없이 프라이팬을 중불로 놓고 노릇하게 구워도 돼요.

양념장은 가장자리에 돌려가며 부어야 간이 골고루 배요.

밥 없이 버섯 가득 두부 카레

다이어트할 때 종종 먹는 두부카레예요. 밥은 하나도 없지만 두부 덕분에 포만감이 들고,
섬유질이 풍부한 버섯이 가득 들어서 변비 예방에도 좋지요.
버섯은 냉장고에 있는 거 아무거나 넣어도 되고, 물 대신 우유를 넣어 끓여도 좋아요.

● 재료 (4인분)

팽이버섯 1봉지
새송이버섯 2개
두부 1모 300g
고형카레 100g
물 400~500㎖
올리브유 3큰술
허브솔트
크러시드페퍼

1 팽이버섯은 1cm 길이로 자르고, 새송이버섯은 1cm 크기로 깍둑썰기 한다.

2 냄비에 두부를 넣고 손으로 으깬다. 팽이버섯, 물, 고형카레를 넣고 중불에서 저어가며 한 번 끓인다.

3 프라이팬에 올리브유를 두르고, 새송이버섯을 노릇하게 볶는다. 여기에 허브솔트, 크러시드페퍼로 살짝 밑간한다.

4 그릇에 두부카레를 담고 위에 볶은 새송이버섯을 올린다.

+ 고형카레는 분말카레로 대체해도 돼요.
+ 허브솔트가 없다면 소금, 후추를 넣으세요.
+ 크러시드페퍼는 건고추, 페페론치노로 대체할 수 있어요.

분말카레를 넣을 경우는 먼저 2~3큰술 넣어 맛을 보고 후에 추가하세요.

라면 끓일 줄 아세요? 그렇다면 달걀 파스타

- **재료**(1인분)

  파스타면 1인분 100원짜리 동전만큼
  새우 100g 한 줌
  달걀 1개
  베이컨 2줄
  마늘 5쪽
  올리브유 1/2컵

- **양념**

  허브솔트 또는 소금 2~3꼬집
  참치액 1큰술
  후추 듬뿍
  파르메산 치즈(생략 가능)
  크러시드페퍼

1. 새우 100g은 해동시켜 가볍게 헹구고, 베이컨은 1cm 크기로, 마늘은 편으로 썬다.
2. 파스타면을 삶는다. 삶은 면에 올리브유 1큰술을 넣어 버무려두면 서로 달라붙지 않는다.
3. 프라이팬에 올리브유를 넉넉히 두르고 중불에서 마늘과 베이컨, 새우를 볶아 마늘기름을 만든다.
4. 여기에 허브솔트, 후추를 넣어 밑간한다. 내용물을 한쪽으로 밀어놓은 후 달걀을 반숙으로 프라이한다. 삶은 파스타면을 넣어 참치액과 허브솔트를 추가해 버무린 후 불을 끈다.
5. 그릇에 파스타면을 담고 달걀프라이를 올린다. 마늘기름을 뿌린 후 크러시드페퍼와 치즈를 올려 마무리한다.

+ 참치액은 굴소스나 치킨스톡 0.5큰술로 대체해도 돼요.
+ 크러시드페퍼 대신 건고추나 페페론치노 등을 부숴 넣어도 됩니다. 생략할 수도 있지만 넣는 게 확실히 풍미가 좋아요.

한 끗 다른 에그 인 헬

새빨간 토마토수프에 달걀이 퐁당퐁당 빠진 모습이 꼭 지옥에 빠진 달걀 같다고 해서
이런 이름이 붙었어요. 흔하지만 건강하고 맛있는 요리라 빼기는 너무 아까워서 담았습니다.
직접 만든 토마토소스를 사용하니 다른 맛일 거예요. 빵과 함께 브런치로 즐겨보세요.

묘식당 Pick!

만능소스 활용

● **재료**(1~2인분)

토마토 1개
양파 1/2개
만능 토마토소스 2컵(32쪽)
달걀 2개
모차렐라 치즈 반 컵
물 1/2컵
올리브유 2큰술
소금 후추 한두 꼬집

1. 토마토와 양파는 잘게 썰어서 중불에서 올리브유에 살짝 볶는다. 소금, 후추 한 꼬집을 넣는다.
2. 냄비에 만능 토마토소스 2컵과 물 반 컵을 넣고 중불에서 한 번 더 끓인다.
3. 소스가 끓으면 달걀 2개를 넣고 모차렐라 치즈를 뿌린다. 뚜껑을 덮고 약불에서 1분간 뜸을 들인다. 그대로 수프처럼 먹거나 빵에 올려 먹어도 좋다.

묘식당 Pick!

비건 순두부 마요네즈 샐러드

● **재료: 먹고 싶은 과일 넣기**

사과 1/2개
단감 1/2
오이 1/2개
토마토 1/2개

● **드레싱용**

순두부 1봉
올리브유 4~5큰술
레몬즙 2큰술(시판 레몬즙으로 대체 가능)
꿀 또는 알룰로스 2큰술
소금 1/2티스푼
후추 톡톡
땅콩 한 줌

1 순두부 한 봉에 분량의 올리브유, 레몬즙, 꿀, 소금, 후추를 넣어 블렌더로 곱게 간다. 이때 캐슈너트나 땅콩 한 줌 등을 넣어 함께 갈면 더 고소해진다.

2 과일이나 채소를 깍둑썬다. 그릇에 담고 드레싱을 뿌려 먹는다.

+ 땅콩은 없어도 되지만, 넣는 게 확실히 더 고소해요.

다이어트부터 영양식까지 고구마 두부수프

● **반죽 재료**(4인분)

고구마 2개(300g)
두부 300g
물 150㎖

● **수프 재료**(1인분)

고구마 두부 간 것 큼직하게 2~3큰술
우유 또는 물 150㎖
소금 2꼬집
치즈 한 장
후추, 파슬리가루

1. 고구마는 잘게 썰어 전자레인지에 5분 돌려 익힌다.
2. 익힌 고구마에 두부와 물 150㎖를 넣고 블렌더에서 되직하게 갈아준다. 적당한 통에 담아 냉장고에 넣고, 먹을 때마다 덜어서 사용한다.
3. 고구마 두부 간 것을 큼직하게 2~3큰술을 덜어 냄비에 넣는다. 우유 또는 물 150㎖를 넣고, 소금 두 꼬집 정도를 넣어 약불에서 천천히 바닥까지 저으면서 끓인다.
4. 수프가 끓기 시작하면 치즈 한 장을 넣고 녹인다. 그릇에 담아 후추와 파슬리를 톡톡 뿌려 먹는다.

+ 만든 반죽은 냉장고에 보관하고 5일 안에 드세요.

빵 없는 두부 토스트

● **재료**(1인분)

두부 반 모 250g
햄 1~2장
슬라이스 치즈 1장
양배추 한 줌
달걀 3개
소금
식용유

1. 두부는 2cm 간격으로 자른다. 키친타월 위에 올리고 소금을 톡톡 뿌린 후 물기를 충분히 빼준다. 양배추는 채 썰어서 한 줌 준비하고, 달걀 3개는 곱게 푼다.
2. 프라이팬에 식용유 두른다. 달걀물을 넓게 부은 후 그 위에 두부를 나란히 올린다.
3. 달걀이 반쯤 익으면 두부째 몽땅 뒤집는다. 옆의 달걀 지단을 두부 위로 접어 올린다.
4. 두부 한 쪽 면에 햄, 치즈, 양배추를 올리고 반으로 접는다. 기호에 따라 토마토케첩이나 소스를 뿌려 먹는다.

에어프라이어 20분! 베이컨 달걀빵

아이들이 어릴 때 많이 해주던 간식이에요. 토스트만 먹다가 가끔 이렇게
오븐이나 에어프라이어를 이용해 달걀빵을 만들어주면 아이들이 정말 좋아했어요.
냉장고에 흔히 있는 재료로 만드니 부담 없고, 하나씩 꺼내 먹는 재미가 있어요.

묘식당 Pick!

만능소스 활용

재료 (3인분)

달걀 5개
식빵 3장
베이컨 5줄
만능 토마토소스 3~4큰술
모차렐라 치즈 1컵

1. 식빵과 베이컨은 1cm 간격으로 썰어서 토마토소스에 버무린다.
2. 달걀은 곱게 풀어서 달걀물을 만든다. 오븐용 그릇에 빵을 소복하게 담고, 위에 달걀물을 골고루 붓는다.
3. 모차렐라 치즈를 올린 후 오븐에 넣는다. 180도에서 20분 정도 굽는다.

+ 토마토소스는 시판용 파스타 소스로 대체해도 돼요.
+ 오븐이나 에어프라이어에 따라 굽는 시간은 ±5분 정도로 조절하세요.

전자레인지 2분! 땅콩버터 달걀빵

재료(2개 분량)

사과 1/3개
무염땅콩버터 듬뿍 4큰술
달걀 2개
베이킹파우더 2티스푼
소금 4꼬집
꿀 또는 메이플시럽 2큰술
계핏가루(생략 가능)

1. 사과는 사방 0.5cm 크기로 잘게 썬다.
2. 밥공기에 각각 달걀 1개, 땅콩버터 듬뿍 2큰술, 꿀 1큰술, 베이킹파우더 평평하게 깎아서 1티스푼, 소금 두 꼬집, 계핏가루 약간을 넣어 잘 섞는다.
3. 반죽에 사과 썬 것을 넣은 후 가볍게 섞어준다.
4. 랩을 씌우고 포크로 구멍을 낸다. 전자레인지에서 2분간 돌린다.
5. 한 김 식힌 후 썰어서 먹는다.

Chapter 4

고기 요리

"힘들 때 웃는 건 일류다. 그러나 힘들 때 먹는 건 육류다."

아무리 비건 레시피가 유행하고 채식주의자가 늘어도
고기만큼 식탁에서 환영받는 메뉴는 없는 것 같아요.
이번 장에서는 만능 간장 양념장과 만능 매운 양념장을 활용해 여러 종류의
고기 요리를 후다닥 만드는 방법을 소개합니다.
고기 종류를 가리지 않는 만능소스의 대활약을 만나봅시다.

> 살림팁

해외 가서 장 볼 때도 주눅 들지 말자
요리별 고기 부위 장보기

해외 나갔을 때 현지 마트에서 장 보는 거 좋아하는 사람 많죠?
그럴 때마다 도대체 어떤 고기가 어느 부위인지 헷갈리곤 해요. 구분법이 우리와 달라서 완전히 똑같지는 않지만
정리하면 다음과 같아요. 어떤 부위가 어떤 요리에 적합한지도 확인해 보세요.

소고기

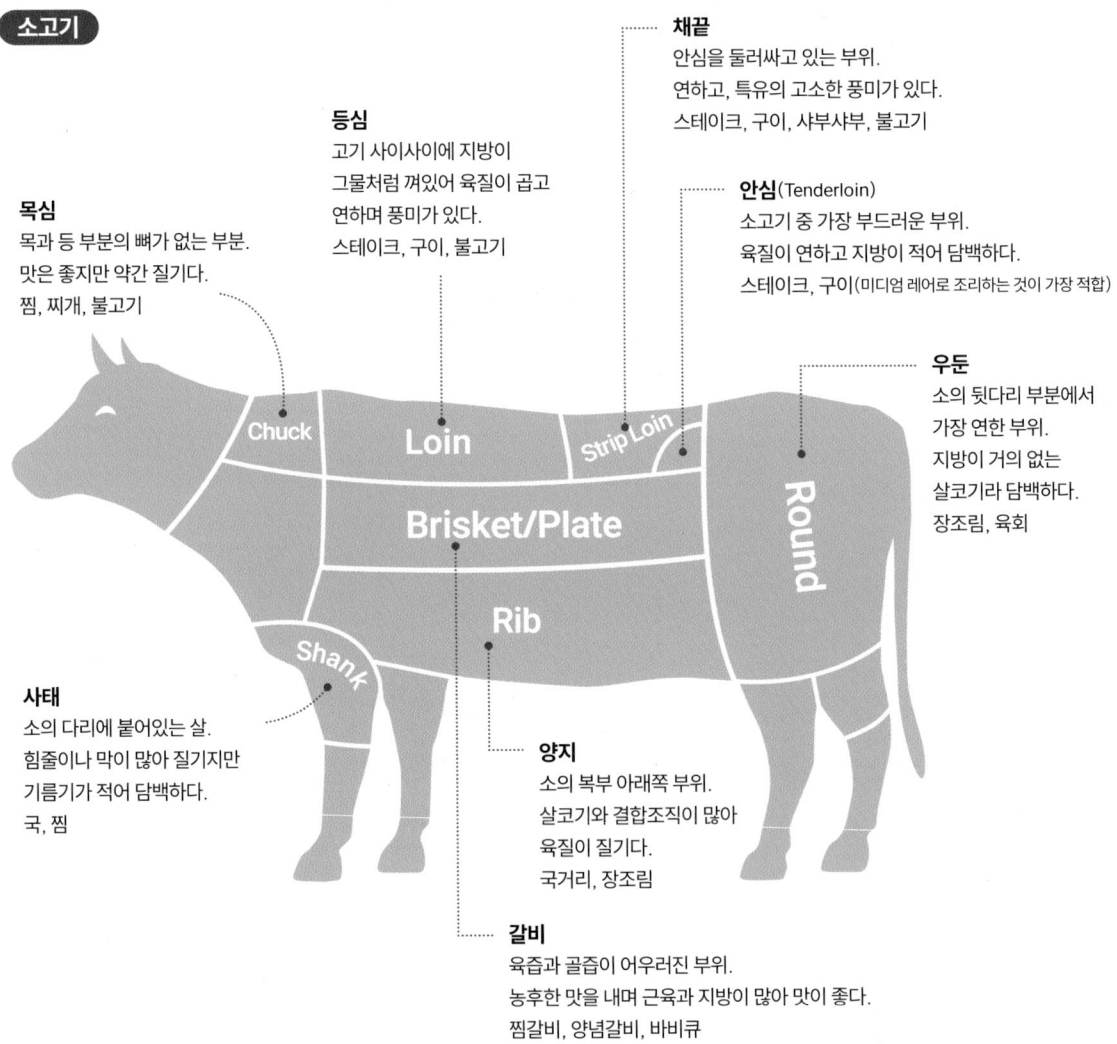

목심
목과 등 부분의 뼈가 없는 부분.
맛은 좋지만 약간 질기다.
찜, 찌개, 불고기

등심
고기 사이사이에 지방이
그물처럼 껴있어 육질이 곱고
연하며 풍미가 있다.
스테이크, 구이, 불고기

채끝
안심을 둘러싸고 있는 부위.
연하고, 특유의 고소한 풍미가 있다.
스테이크, 구이, 샤부샤부, 불고기

안심(Tenderloin)
소고기 중 가장 부드러운 부위.
육질이 연하고 지방이 적어 담백하다.
스테이크, 구이(미디엄 레어로 조리하는 것이 가장 적합)

우둔
소의 뒷다리 부분에서
가장 연한 부위.
지방이 거의 없는
살코기라 담백하다.
장조림, 육회

사태
소의 다리에 붙어있는 살.
힘줄이나 막이 많아 질기지만
기름기가 적어 담백하다.
국, 찜

양지
소의 복부 아래쪽 부위.
살코기와 결합조직이 많아
육질이 질기다.
국거리, 장조림

갈비
육즙과 골즙이 어우러진 부위.
농후한 맛을 내며 근육과 지방이 많아 맛이 좋다.
찜갈비, 양념갈비, 바비큐

+ 미국에서는 소고기를 'American cuts'라고 하여 한국과는 다르게 부위를 나눕니다.
  크게 9개의 대분할(primal cuts)로 나누고, 그 아래 소분할(sub-primal cuts)로 세분화합니다.
  이러한 차이로 같은 부위라도 한국과 미국에서 부르는 명칭이 다를 수 있습니다.

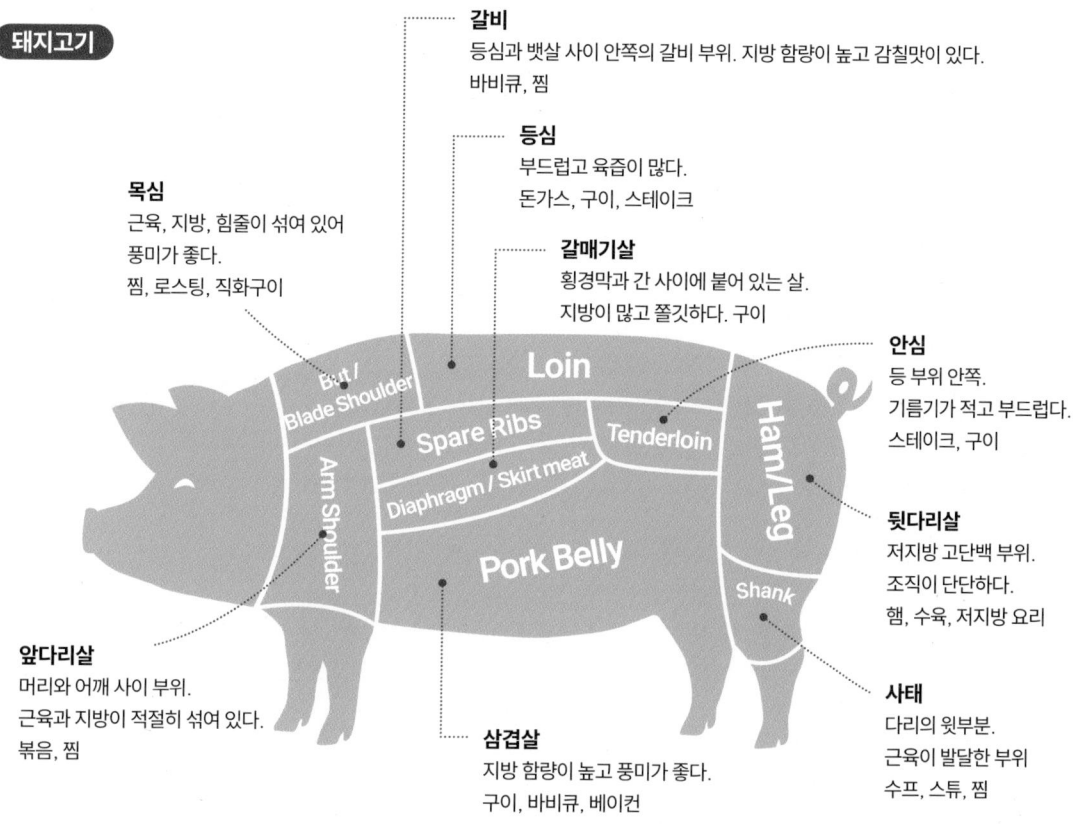

돼지고기

갈비
등심과 뱃살 사이 안쪽의 갈비 부위. 지방 함량이 높고 감칠맛이 있다.
바비큐, 찜

등심
부드럽고 육즙이 많다.
돈가스, 구이, 스테이크

갈매기살
횡격막과 간 사이에 붙어 있는 살.
지방이 많고 쫄깃하다. 구이

목심
근육, 지방, 힘줄이 섞여 있어 풍미가 좋다.
찜, 로스팅, 직화구이

안심
등 부위 안쪽.
기름기가 적고 부드럽다.
스테이크, 구이

뒷다리살
저지방 고단백 부위.
조직이 단단하다.
햄, 수육, 저지방 요리

앞다리살
머리와 어깨 사이 부위.
근육과 지방이 적절히 섞여 있다.
볶음, 찜

삼겹살
지방 함량이 높고 풍미가 좋다.
구이, 바비큐, 베이컨

사태
다리의 윗부분.
근육이 발달한 부위
수프, 스튜, 찜

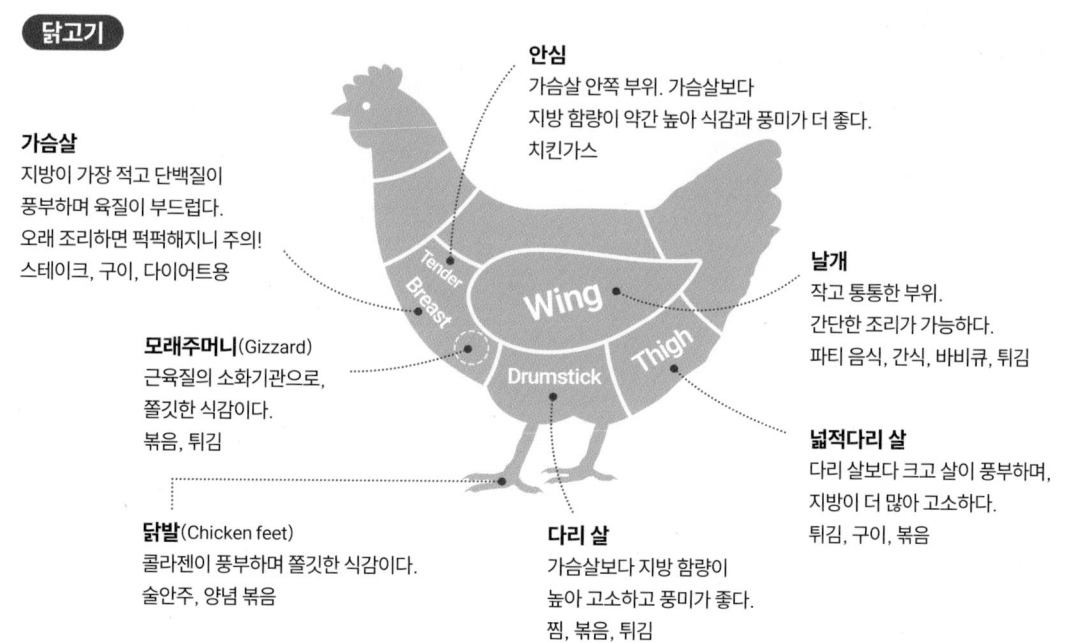

닭고기

안심
가슴살 안쪽 부위. 가슴살보다 지방 함량이 약간 높아 식감과 풍미가 더 좋다.
치킨가스

가슴살
지방이 가장 적고 단백질이 풍부하며 육질이 부드럽다.
오래 조리하면 퍽퍽해지니 주의!
스테이크, 구이, 다이어트용

날개
작고 통통한 부위.
간단한 조리가 가능하다.
파티 음식, 간식, 바비큐, 튀김

모래주머니(Gizzard)
근육질의 소화기관으로, 쫄깃한 식감이다.
볶음, 튀김

넓적다리 살
다리 살보다 크고 살이 풍부하며, 지방이 더 많아 고소하다.
튀김, 구이, 볶음

닭발(Chicken feet)
콜라겐이 풍부하며 쫄깃한 식감이다.
술안주, 양념 볶음

다리 살
가슴살보다 지방 함량이 높아 고소하고 풍미가 좋다.
찜, 볶음, 튀김

> 살림팁

손질부터 해동까지
고기, 오래 신선하게 먹으려면?

어떤 종류의 식재료든 빨리 먹는 게 좋다는 건 다 알죠? 하지만 알면서도 상해서 버리는 일이 생각보다 많아요.
남은 고기는 4°C 이하의 냉장실에서 보관하고, 더 오래 두려면 온도 변화가 적은 냉동실 안쪽에 넣는 게 좋아요.

고기를 해동한 다음에 다시 얼리면 신선도가 떨어질 뿐 아니라 부패 속도가 빨라지니 절대로 다시 냉동하면 안 됩니다. 한번 먹을 만큼씩 소분해서 냉동하는 게 가장 좋죠. 이때 육류 표면에 올리브유를 얇게 바르고 글래드랩 등으로 밀봉해서 산소를 차단하면 육류의 맛이나 색이 변하는 걸 예방할 수 있어요. 요리 부위별로 분류하면 쓰기 편합니다.

고기 손질 시 필요한 도구
① 돈가스를 만들거나 조금 두꺼운 고기를 연하게 펼 때는 고기망치가 꼭 필요합니다.
② 인체에 무해한 접착 성분으로 밀봉이 잘되고 냉장, 냉동, 전자레인지 사용에도 안전한 랩

목살, 삼겹살처럼 표면적이 넓은 육류는 기름을 얇게 발라 밀봉한 후 소분해서 보관하기

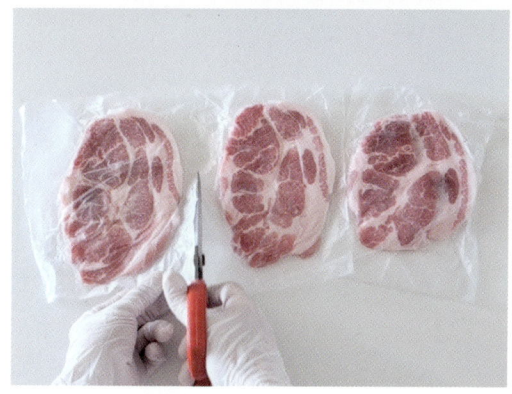

목살, 삼겹살 등 구이용

찌개나 카레용 고기는 한 번 먹을 분량으로 소분하기

찌개, 카레용

이유식이나 볶음밥용 다짐육은 해동하기 편하게 납작하게 눌러서 밀봉하기

이유식, 볶음밥용 다짐육

고기 요리　162 ∘ 163

불고기, 갈비찜, LA갈비, 잡채 등 모든 고기 요리
만능 간장 양념장

간장으로 재우는 모든 고기 요리에 사용할 수 있는 만능소스입니다.
이 레시피로 만들면 기본적으로 간이 짭짤하니 취향이나 요리에 따라 물을 추가하세요.
이 양념장에 재운 고기에 채소만 살짝 곁들여도 훌륭한 한 끼가 됩니다.

● **만능 고기 양념장** (돼지갈비 1.2kg 기준, 종이컵 1컵 = 약 160㎖)

간장 2/3컵, 물 1컵, 맛술 0.3컵
배즙 또는 배음료 1컵, 올리고당 0.5컵
대파 1대, 양파 1/2개, 다진 마늘 듬뿍 1큰술
생강가루 0.3티스푼, 후추 0.5티스푼
참기름, 통깨 약간

만능소스

제육볶음, 닭볶음탕, 갈치조림 등 모든 매운 요리
만능 매운 양념장

고기부터 생선까지 매운 요리에 두루 사용하는 만능장입니다.
양념장이나 소스의 보관기간을 길게 하려면? 냉동시키거나 한 번 끓여 식힌 후
밀폐용기에 담아 쓰면 좀 더 오래 두고 먹을 수 있어요.

● **만능 매운 양념장**(종이컵 1컵 = 약 160㎖)

간장 1컵, 고춧가루 1컵, 고추장 1컵
맛술 0.5컵, 참치액 0.3컵, 올리고당 0.5컵
카레가루 0.5큰술, 생강가루 약간
참기름, 후추, 통깨는 요리할 때 추가하기

> 넣는 순서는 상관없으니
> 편하게 하세요.

고기 요리

국물 없이 쫄깃한 오삼 불고기

만능소스 활용

재료(3~4인분)

돼지고기 삼겹살 300g
오징어 1마리
양파 1/2
대파 1대
원당 0.5큰술

양념

만능 매운 양념장 2~3큰술(165쪽)
다진 마늘 1큰술
참기름 1큰술
후추, 통깨

1. 오징어는 손질해서 끓는 물에 10~20초쯤 데친다. 데친 오징어와 돼지고기는 한입 크기로 먹기 좋게 자른다. 양파는 길게 썰고, 대파는 어슷하게 썬다.
2. 팬에 돼지고기, 대파 흰 부분, 원당 반 큰술을 넣어 중불에서 한 번 볶는다.
3. 돼지고기가 거의 익으면 오징어, 파, 양파, 다진 마늘, 매운 양념장을 넣고 강불에서 한 번 더 볶는다.
4. 불을 끄고 참기름과 후추, 통깨로 마무리한다.

Q 오징어를 왜 미리 데치나요?

미리 살짝 데치면 물이 많이 생기는 걸 방지할 수 있어요. 볶을 때도 마찬가지 이유예요. 강불에 한 번 확 볶는다고 생각하며 잠깐만 볶아야 물이 생기지 않고 질겨지지 않습니다.

Q 고기 볶을 때 항상 설탕을 넣는 이유는 뭐예요?

설탕을 조금 넣으면 고기에 간이 더 잘 배요. 양념이 겉돌지 않게 해줍니다.

Q 대파의 흰 부분만 쓰는 이유는요?

대파의 풍미는 흰 부분에서 많이 나요. 초록 부분은 너무 오래 볶으면 지저분해질 수 있으니, 마지막에 색깔을 내는 용도로 넣는 것이 좋아요.

사과도 배도 없을 때 콜라 제육볶음

> 만능소스 활용

• **재료**(2~3인분)

돼지고기 불고깃감 300g
양배추 한 줌
당근 1/3개
양파 1/2개
대파 1대
식용유 3~4큰술
콜라 1컵

• **양념**

만능 매운 양념장 2큰술(165쪽)
다진 마늘 1큰술
참기름 1큰술
후추, 통깨

1. 돼지고기에 콜라 한 컵을 부어 30분간 재운다. 양배추, 양파, 당근은 비슷한 크기로 길게 썰고, 대파는 어슷하게 썬다.
2. 프라이팬에 식용유를 두른다. 콜라에 재워둔 고기와 대파 흰 부분을 먼저 넣고 강불에서 빠르게 볶는다. 고기가 반쯤 익으면 양념장과 다진 마늘 한 큰술 넣어 한 번 더 볶는다.
3. 나머지 채소 넣고 숨이 살짝 죽으면 불을 끈다. 대파 초록 부분, 참기름, 후추, 통깨로 마무리한다.

+ 콜라는 고기의 잡내도 제거해 주고, 연육작용을 해서 사과나 배 등 부재료가 없을 때 요긴해요.

대파의 풍미가 고기에 배도록 해주세요.

아직도 시판 양념 사나요? 초간단 갈비찜

(만능소스 활용)

* **재료**(4~5인분)

    돼지갈비 1.2kg
    감자 2개
    당근 1/2개
    대파 초록 부분 한 줌
    물(재료가 잠길 정도)

* **양념**

    만능 간장 양념장 164쪽에서 만든 것 전부
    참기름 3큰술
    통깨
    후추

1 감자와 당근은 먹기 좋은 크기로 자르고, 대파 초록 부분 한 줌을 어슷하게 썬다.

2 갈비는 물에 한 시간 이상 담가 핏물을 충분히 뺀다. 갈비를 끓는 물에 한 번 데쳐서 찬물에 깨끗이 여러 번 헹군다.

3 냄비에 갈비와 분량의 만능소스, 고기가 잠길 정도의 물을 붓고 중불에서 30분 정도 끓인다.

4 고기가 거의 익으면 감자와 당근을 넣고 불을 약간 줄여 20분간 푹 끓이고 10분간 약불에서 뜸을 들인다.
   다 되었으면 참기름, 후추, 통깨, 대파로 마무리한다.

+ 겨울에는 무를 넣어도 좋아요.
+ 압력솥이나 전기밥솥, 또는 통 5중 냄비로 뭉근하게 끓이면 양념도 쏙쏙 배어 정말 맛있습니다.

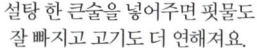

설탕 한 큰술을 넣어주면 핏물도 잘 빠지고 고기도 더 연해져요.

중간에 물이 많이 졸아들면 조금 더 보충하면서 끓이세요.

매운 거 못 먹는다면 데리야키 치킨구이

> 만능소스 활용

● **재료** (2인분)

무 100g
닭다리 살 250g
쪽파 약간
식용유 1큰술

● **양념**

만능 데리야키 소스 반 국자(200쪽)

● **닭다리 살 밑간**

맛술 1큰술, 소금, 후추 약간

1. 무는 1cm 두께의 반달 모양으로 자른 후 소금 약간을 뿌려 밑간한다. 닭다리 살은 맛술 한 큰술, 소금, 후추 한 꼬집으로 밑간한다.
2. 팬에 식용유를 두르고, 무와 닭고기를 중불에서 앞뒤로 노릇하게 굽는다.
3. 잘 구워진 닭고기는 가위로 먹기 좋은 크기로 자른다. 데리야키 양념을 팬에 깔릴 정도로 부어 중불에서 조려가며 익힌다. 접시에 담고 쪽파로 장식해 마무리한다.

+ 시판 데리야키 소스로 대체해도 돼요.
+ 닭은 껍질 쪽부터 익혀야 기름도 잘 빠지고 모양도 잘 잡혀요. 구울 때 나오는 닭기름은 키친타월로 닦아주세요.

마늘종의 재발견, 돼지고기 마늘종 덮밥

| 마늘종 5월 |

• **재료** (2인분)

마늘종 10줄
돼지고기 다짐육 200g
양파 1/2개
청양고추 홍고추 각각 1개
식용유 2~3큰술
달걀노른자 (옵션)

• **양념**

간장 2큰술
굴소스 1큰술
원당 0.5큰술
다진 마늘 0.5큰술
참기름 1큰술
후추, 통깨 약간

1. 돼지고기 다짐육에 맛술 1큰술과 소금, 후추 한 꼬집을 넣어 밑간한다.
2. 마늘종과 양파는 0.5cm 크기로 썰고, 고추 역시 씨를 제거한 후 잘게 썬다.
3. 프라이팬에 식용유를 두르고 양파를 먼저 볶는다. 양파가 투명해지기 시작하면 돼지고기와 마늘을 넣고 볶는다.
4. 돼지고기가 익으면 마늘종과 고추를 넣는다. 분량의 간장, 굴소스, 원당을 넣고 강불에서 빠르게 볶는다.
   참기름, 통깨, 후추를 뿌려 마무리한다.

고기 요리

부추 3~9월 / 비빔밥용 간장소스

호불호 없는 한 끼 냉동 우삼겹 부추 솥밥

- **재료** (2인분)

  냉동 우삼겹 크게 한 줌
  쌀 250g (종이컵 1컵 반 정도)
  부추 50g
  깻잎 5~6장
  달걀노른자
  참기름, 통깨

- **비빔밥용 간장소스 황금비율**

  간장 3큰술
  물 3큰술
  매실액 1큰술
  고춧가루 1큰술
  다진 파 2큰술
  다진 마늘 0.3큰술
  참기름 1큰술
  통깨 1큰술

- **밥 짓기 재료**

  물 300㎖
  간장 1큰술
  참치액 1큰술
  다시마 1조각

1. 깨끗이 씻은 쌀 250g에 분량의 재료를 넣고 30분간 불린다.
2. 냄비에 냉동 우삼겹을 한 줌 넣는다. 소금, 후추 한 꼬집을 넣어 중불에서 볶는다.
3. 고기는 가위로 먹기 좋게 자르고, 불린 쌀과 물을 다 붓고 뚜껑을 연 채로 강불에서 중간중간 저어가며 팔팔 끓인다.
4. 밥이 끓으면 불을 가장 약한 불로 줄인 후 뚜껑을 덮어 15분간 더 끓인다. 15분이 지나면 불을 끄고 그대로 10분간 뜸을 들인다.
5. 부추, 깻잎을 잘게 썰어서 준비한다. 밥이 다 되면 다시마 조각은 건져내고 부추와 깻잎, 달걀노른자를 올려 골고루 비벼 먹는다.

+ 냉동 우삼겹은 대패 삼겹살로 대체할 수 있어요.
+ 깻잎과 달걀은 없으면 빼도 괜찮아요.
  부추와 간장소스만으로도 맛있습니다.

묘식당 Pick!

쌀과 물의 비율을 1:1.2 정도로 하면 돼요.

15분

불 끄고 10분 뜸 들이기

기호에 따라 양념간장에 청양고추를 조금 넣어보세요. 칼칼하고 개운해서 더 맛있어요.

고기 요리

`가지 4~8월` `비빔밥용 간장소스`

버튼만 누르면 끝! 전기밥솥 소고기 가지 솥밥

- **재료(3~4인분)**

  쌀 500g 종이컵 3컵
  가지 3개
  양파 1/2개
  대파 흰 부분
  마늘 3~4쪽
  소고기 다짐육 300g
  식용유 3큰술
  간장 1큰술
  굴소스 1큰술

- **비빔밥용 간장소스 황금비율**

  간장 3큰술
  물 3큰술
  매실액 1큰술
  고춧가루 1큰술
  다진 파 2큰술
  다진 마늘 0.3큰술
  참기름 1큰술
  통깨 1큰술

- **소고기 밑간**

  맛술 1큰술, 소금, 후추 한 꼬집

1. 쌀은 씻어서 30분 이상 불린다. 가지는 세로로 반을 잘라 한입 크기 삼각형 모양으로 썰고, 양파와 대파는 엄지손톱 크기로, 마늘은 편으로 썬다.
2. 다진 소고기에 맛술 1큰술, 소금, 후추 한 꼬집을 넣어 밑간한다.
3. 팬에 식용유를 두르고 강불에서 파, 마늘, 양파를 볶다가 소고기를 넣어 볶는다.
4. 고기가 반쯤 익으면 가지를 넣고 간장과 굴소스를 1큰술씩 넣고 강불에서 빠르게 볶는다.
5. 밥솥에 불린 쌀을 넣고, 물은 쌀을 넘지 않을 정도로 자작하게 붓는다.
6. 쌀 위에 볶은 가지를 올려서 평평하게 편 후 '백미 쾌속'으로 빠르게 조리한다. 밥이 다 되면 골고루 섞어서 그릇에 담고, 기호에 따라 비빔밥용 양념장을 올려 비벼 먹는다.

이때 가지는 반 정도만 익혀 주세요.

백미쾌속!

가지에서 물이 많이 나오니 평소보다 물을 적게 넣어야 해요.

버튼만 누르면 끝! 전기밥솥 보쌈

- **재료**(4~5인분)

  돼지고기 삼겹살 또는 앞다릿살 1kg
  양파 1~2개
  대파 1대
  사과 1개(생략 가능)

- **양념**

  된장 크게 1큰술
  간장 1큰술
  맛술 또는 소주 1/2컵
  후추 약간
  월계수 잎 2장(생략 가능)

1. 설탕 한 큰술을 넣은 물에 돼지고기를 1시간 정도 담가 핏물을 뺀다. 양파는 납작하게, 사과는 4등분으로 자른다. 핏물을 뺀 돼지고기는 물에 잘 헹군다.
2. 솥에 양파를 깔고 돼지고기, 사과, 대파를 순서대로 넣은 후 그 위에 분량의 양념을 넣는다.
3. 만능찜 기능으로 40분 익힌다. 한 김 식혀서 먹기 좋게 잘라 김치나 쌈과 함께 먹는다.

+ 핏물을 뺄 때 설탕을 넣으면 핏물이 더 잘 빠지고, 연육 작용도 해요.
+ 보쌈에서 가장 중요한 재료는 돼지고기, 고기가 신선하면 따로 후추나 월계수잎 등 향신료를 넣지 않아도 잡내가 나지 않아요.

76쪽에서 만든 당근김치와 함께 먹어도 맛있어요.

물닭갈비는 1960, 70년대 강원도 태백의 광부들이 즐겨 먹던 일종의 보양식입니다.
닭 한 마리에 채소를 되는대로 집어넣고 팔팔 끓이면서 여럿이 함께 먹는, 하루의 피로를
씻어내는 음식이었을 거예요. 지금은 전국에 알려져 대표적인 향토 음식으로 자리 잡았어요.

> 만능소스 활용

태백 향토 음식, 물닭갈비 샤부샤부

- **재료**(3~4인분)

  닭다리 살 500g
  배춧잎 3~4장
  부추 50g
  냉이 한 줌
  육수 1리터
  우동사리 1개

- **양념**

  매운 양념장 2~3큰술(165쪽)
  다진 마늘 듬뿍 1큰술
  카레가루 0.3 큰술
  소금, 후추 약간

- **닭다리 살 밑간**

  맛술 1큰술, 소금, 후추 약간

1. 닭다리 살은 먹기 좋은 크기로 잘라 소금, 후추, 맛술로 밑간한다.
2. 배추는 먹기 좋게 자르고 부추는 5cm 길이로, 냉이는 한 줌 정도 준비한다.
3. 냄비에 닭고기, 우동사리, 채소를 올리고 분량의 양념을 넣는다. 육수를 부어 끓이면서 먹는다.

+ 냉이는 미나리나 깻잎으로 대체할 수 있어요.
+ 육수는 시판 사골곰탕 육수 + 물, 또는 코인육수를 써도 돼요.
+ 샤부샤부처럼 끓이면서 먹어요! 국물이 충분히 끓으면 우동과 채소, 닭고기 순으로 건져먹고, 남은 국물에 김가루와 참기름을 넣어 볶음밥으로 먹는 거예요.

속 편하고 든든한 치킨 월남쌈

> 만능소스 활용

● **재료**(2인분)

닭가슴살 100g (시판제품으로 대체 가능)
빨강 파프리카 1/2
노랑 파프리카 1/2
오이 1개
쌀종이 8장
양상추 1/2통
깻잎 5장
허니 머스터드소스 1큰술

● **소스**

땅콩버터 드레싱(31쪽)

1 닭가슴살은 잘게 찢어서 허니 머스터드소스 한 큰술을 넣어 버무린다. 오이와 파프리카는 가늘게 채 썬다.

2 도마에 식용유를 바르고 쌀종이를 찬물에 적셔 4장을 반쯤씩 겹치게 깐다.

3 쌀종이 위에 양상추, 깻잎, 닭가슴살, 파프리카, 오이순으로 올린다. 돌돌 말아 반으로 잘라서 땅콩소스나 칠리소스에 찍어 먹는다.

+ 허니 머스터드가 없으면 홀그레인 머스터드 반 큰술 + 꿀 반 큰술로 대체할 수 있어요.

도마에 식용유를 먼저 발라두면 나중에 뗄 때 달라붙는 것을 방지해요.

돌돌 말아서 왼쪽, 오른쪽을 접어준 후 다시 돌돌 말면 완성!

카레의 진화, 버터 치킨 커리

묘식당 Pick!

만능소스 활용

● **재료**(2인분)

닭다리 살 200g
토마토 1개
감자 1개
양파 1/2개
당근 1/2개
올리브유 2큰술
후추, 파슬리가루 약간

● **양념**

만능 토마토소스 2컵(32쪽)
우유 1/2컵(생크림이면 더 맛있음!)
카레가루 1큰술
버터 20g
땅콩버터 1큰술

1. 닭다리 살은 먹기 좋게 한입 크기로 잘라 소금, 후추, 맛술로 밑간한다. 토마토, 감자, 양파, 당근은 한입 크기로 자른다.
2. 팬에 올리브유를 두르고 중불에서 닭고기와 채소를 노릇하게 볶는다.
3. 재료가 거의 익으면 팬에 분량의 양념을 넣고 한소끔 더 끓인다. 후추와 파슬리가루로 마무리한다.

● **닭다리 살 밑간**

맛술 1큰술, 소금, 후추 약간

여름철 계곡 생각나는 얼큰한 닭볶음탕

● **재료** (4인분)

닭볶음탕용 900g
양파 1개
감자 2개
당근 1/2개
대파 1대
깻잎 3~4장
청양고추 2개
다시육수 800㎖

● **양념**

만능 매운 양념장 듬뿍 3큰술(165쪽)
다진 마늘 듬뿍 1큰술
참기름, 통깨

1. 닭은 끓는 물에 한 번 데쳐 찬물에 헹군다. 양파, 감자, 당근은 먹기 좋게 자르고, 대파와 깻잎, 고추는 어슷하게 썬다.
2. 닭에 육수를 붓고 양념장과 다진 마늘을 넣는다.
3. 뚜껑 덮고 15분간 강불로 끓인다.
4. 손질한 채소와 대파 흰 부분을 넣고 중불에서 20분간 더 끓인다.
5. 국물이 졸아들면 약불로 줄여 5~10분 정도 더 익힌다.
6. 불을 끄고 참기름, 통깨, 대파 초록 부분과 깻잎, 고추 올리고 마무리한다.

+ 닭다리 발목 부분의 살이 끊어지면서 뼈가 드러나면 고기가 충분히 익은 상태입니다.

고기 요리

> 찍먹용 연겨자 소스

손님상 추천! 소고기 채소말이찜

- **재료**(4인분)

  소고기 불고깃감 400g
  양파 1개
  숙주 150g
  깻잎 10장
  미나리 1/2단
  팽이버섯 1봉
  파프리카 1개
  소금, 후추 약간
  물 약간

- **찍먹용 연겨자 소스 황금비율**

  간장 2큰술
  물 4큰술
  올리고당 2큰술
  식초 1큰술
  연겨자 0.5큰술
  후추 약간

1. 소고기 불고깃감은 키친타월을 이용해 핏물을 제거하고, 소금과 후추로 밑간한다.
   양파는 1cm 굵기로 동그랗게 자르고, 파프리카는 씨를 제거하고 가늘게 채 썬다.
   미나리는 양쪽 끝을 다듬어 3~4등분으로 자르고,
   팽이버섯은 밑동을 잘라낸 후 손가락 굵기로 나눈다.
2. 소고기를 넓게 편 후 꼭지를 딴 깻잎을 올린다. 그 위에 미나리, 파프리카, 팽이버섯을 올려 돌돌 말아 반으로 자른다.
3. 냄비에 양파와 숙주를 깔고, 소고기말이를 빙 둘러 올린다. 물 150㎖를 붓고, 중약불로 8~9분 익힌다.
4. 분량의 재료를 섞어 소스를 만든다. 반으로 잘라 놓았기 때문에 한 조각씩 소스에 찍어 먹기 편하다.

너무 오래 익히면 소고기가
질겨지니 시간에 주의하세요.

대장금 소환되는? 홍시 돼지목살 김치찜

재료 (4인분)

신김치 큰 거 1/2포기
돼지목살 600g
홍시 1개
양파 1개
대파 1대
청양고추 1~2개
다시육수 (코인육수로 대체 가능)

양념

고춧가루 2큰술
국간장 1큰술
참치액 1큰술
다진 마늘 1큰술
참기름, 통깨, 후추 약간

돼지고기 밑간

맛술 2큰술
원당 1큰술
된장 0.5큰술
후추, 생강가루 약간

+ 목살은 얇은 것보다는 두툼한 게 맛있어요.
+ 홍시는 시판 아이스홍시로 대체할 수 있어요.
+ 홍시가 작으면 2개를 넣어주세요.

1. 신김치는 안쪽의 양념을 대충 손으로 털어내고, 목살은 밑간해서 10분간 재운다.
   양파는 굵게 채 썰고 대파와 청양고추는 어슷하게 썬다.
   홍시는 꼭지를 떼어내고 씨와 껍질을 제거한다.
2. 냄비에 양파를 반만 깔고 그 위에 고기와 김치를 얹는다.
   그 위에 다시 나머지 양파와 대파 흰 부분을 넣는다.
   재료가 잠길 정도로 육수나 물을 붓는다.
3. 뚜껑을 열고 10분간 팔팔 끓인다.
4. 끓어오르면 분량의 양념과 홍시를 넣고, 뚜껑을 덮은 채 중불에서 30분 정도 뭉근하게 끓이다가 약불로 줄여 5~10분 더 익힌다.
5. 다 익으면 불을 끄고 참기름, 통깨, 후추를 뿌리고 대파와 고추로 마무리한다.

묘식당 Pick!

처음엔 뚜껑을 열고 강불로 끓여 돼지고기 잡내를 날려 보내요.

중간에 국물이 부족해지면 물이나 육수를 보충하세요.

Chapter 5

해물 요리

"난 고기보단 해물파"

비교적 저렴하고 쉽게 구하는 냉동꽃게나 오징어, 갈치, 새우,
참치와 꽁치 통조림 등을 활용해 볼까요?
식전 요리로 좋은 바지락 샐러드부터 뜨끈한 국물 요리까지
조금은 특별한 요리들을 해볼 텐데, 손질법까지 자세히 설명하니
평소에 잘 다루지 못했다면 기본기에 도움이 될 거예요.

> 살림팁

식단 짤 때 참고하세요!

제철 해물 가이드

고기보다 생선 좋아하는 사람도 많죠. 요즘은 냉동제품이 잘 나와서 시장에 가 생물을 고르는 일이 자주 없는 것도 사실이고요. 하지만 제철 채소만큼이나 제철 생선도 중요해요. 살이 통통히 올라 탄력 있는 단맛이 나고, 가격도 저렴하니까요. 제철 해물을 알아두었다가 날 좋은 날 바람 쐴 겸 장 보러 나서보세요.

봄

주꾸미(3~5월)
소라(3~6월)
미더덕(4월)
키조개(4~5월)
돔, 참다랑어(4~6월)
멍게(5월)
참다슬기, 장어(5~6월)

여름

갈치(7~10월)
전복(8~10월)
게(9~10월)
고등어(9~11월)
대하(새우), 굴, 광어(9~12월)

가을

홍합(10~12월)
해삼, 꽁치(10~11월)
삼치(10~2월)
과메기(11~2월)
꼬막, 도미(11~3월)

겨울

명태(12~1월)
아귀(12~2월)
바지락(2~4월)

출처: 네이버 - 몸에 좋은 제철음식

> 살림팁

생선 비린내 안 나게 굽는 최종 방법

생선구이는 밥반찬으로도 술안주로도 좋지만, 냄새 때문에 집에서 굽기가 망설여지죠.
이렇게 해보세요. 생선이 신선하다면 2번은 생략해도 됩니다.

생선 손질하기 – 쓴맛 나고 냄새나는 부분 제거가 관건!

생선 머리나 지느러미, 아가미는 비린내가 많이 납니다. 또 생선 내장 부분에 붙은 검은 막도 비린내가 많이 나요. 생선을 손질할 때 가위나 칼 등을 이용해 이곳들을 잘 긁어내고, 흐르는 물에 깨끗이 씻은 후 키친타월로 물기를 제거해 주세요.

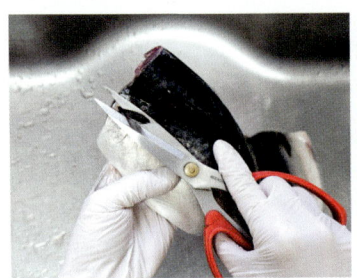 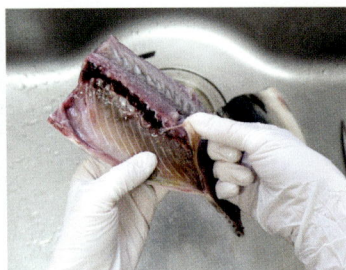 

마법수에 담그기

닭고기를 요리할 때는 우유에 담가서 비린내를 제거하잖아요. 우유는 생선 비린내 제거에도 효과적입니다. 우유 말고 물에 밀가루 한 큰술과 식초나 레몬즙 한 큰술을 넣고 생선을 10분간 담갔다가 흐르는 물에 헹구는 방법도 있어요. 당연히 키친타월로 물기를 제거해야죠.

구울 때

맛술 1큰술과 소금, 후추 약간으로 밑간한 후 종이포일에 감싸 프라이팬에 구워요.

아니면 밑간 후 밀가루나 튀김가루를 살짝 묻혀 구워도 됩니다.

중요한 건 중약불에서 껍질 쪽을 먼저 굽는 거예요.

자주 뒤집지 말고 한쪽이 70% 이상 익었을 때 뒤집어서 조금만 더 익히면 완벽해집니다.

 만능소스

해물부터 고기까지 맵지 않은 감칠맛!

데리야키 소스

데리야키는 일본식 양념간장으로, 우리나라 불고기 소스나 갈비 소스와 비슷해요.
생선뿐만 아니라 돼지고기나 닭고기에도 잘 어울립니다. 재료에 발라서 구우면 짭짤하고 달콤해서
아이들 어른들 모두 좋아하는 맛이에요.

● **재료**(1컵 = 종이컵 1개)

다시마 우린 물 1컵
간장, 맛술, 청주, 원당 모두 1/2컵
생강가루 1/2티스푼

1 다시마 우린 물에 각 재료를 넣고 중불에서 10분간 저어가며 끓인다.
2 소스가 끓어오르면 약불로 줄여서 졸인다.
3 내용물을 식혀서 병에 담아 냉장보관한다.

+ 오래 졸일수록 농도가 진해져요. 원하는 농도만큼 끓이면 됩니다.

> 만능소스

사계절을 책임질 비상식
만능 짜장 소스

냉장고 속 각종 채소와 고기를 볶아 짜장 소스를 만들어두면, 바쁠 때나 반찬 없을 때
밥이나 면에 부어 바로 먹을 수 있어요. 원래는 춘장을 돼지기름에 볶아서 볶음춘장을 만들지만,
오늘은 집에서 바로 만들 수 있도록 시판 분말 짜장으로 만들어 볼게요. 기름진 맛이 덜해 좀 더 깔끔한 맛이에요.

● 재료

분말 짜장 80g
돼지고기 다짐육 150g
양파, 당근 각 1/2개
감자 1개
대파 1대 흰 부분

● 양념

다진 마늘 1큰술
생강가루 1/3티스푼
간장 1/2큰술
원당 1/2큰술
후추 약간
식용유 5큰술
물 500㎖

1. 돼지고기는 다짐육을 준비하고, 채소들은 사방 0.5cm 크기로 잘게 썬다.
2. 팬에 식용유를 두르고 먼저 대파를 볶아 파기름을 내준다.
3. 파 향이 올라오면 돼지고기와 원당 반 큰술, 생강가루 0.3티스푼을 넣고 1분쯤 볶다가 채소를 넣고 함께 볶는다.
4. 재료가 거의 익으면 약불로 줄인다. 분말 짜장을 2~3번에 나눠 넣으면서 뭉치지 않게 2~3분간 볶는다.
5. 물 500㎖를 넣고 강불로 올려 끓이다가 간장 반 큰술을 넣어 간을 맞추고, 후추를 살짝 뿌린다. 다 되었으면 바로 먹거나 식혀서 냉장보관한다.

`갈치 7~10월` `만능소스 활용`

여름에는 무 대신 감자로 갈치조림

● **재료**(2~3인분)

갈치 300g
무 200g
양파 1개
대파 1/2대
고추 2개

● **양념**

만능 매운 양념장 3큰술(165쪽)
다진 마늘 듬뿍 1큰술
다시육수 500㎖
통깨, 후추

1. 갈치는 지느러미와 내장을 제거하고, 비린 은색 비늘(은분)을 칼로 긁어 흐르는 물에 깨끗이 씻는다.
2. 무는 부채꼴 모양으로 1cm 두께로 자르고, 양파는 굵게 채 썬다. 대파와 고추는 어슷하게 썬다.
3. 냄비에 무와 양파 1/2을 넣고 육수를 붓는다. 뚜껑을 덮고 무가 반 이상 익을 때까지 중불에서 끓인다.
   무가 익으면 갈치와 나머지 양파를 올리고, 위에 양념장과 다진 마늘을 넣는다.
4. 뚜껑을 덮고 중불에서 7~8분 정도 더 끓인다.
   국물이 졸아들면 대파와 고추를 올리고, 한소끔 더 끓인 후 후추와 통깨로 마무리한다.

+ 여름에는 무 대신 감자를 넣어요.
+ 다시육수는 코인육수 한 알로 대체해도 돼요.

중간중간 국물을 끼얹으면서 양념이 골고루 배도록 해주기

겨울의 훌륭한 한 접시, 삼치 데리야키 스테이크

- 삼치 10~2월
- 만능소스 활용

- **재료**(1인분)

  손질 삼치 200g
  양파 1/2개
  밀가루나 튀김가루 약간
  쪽파 약간
  식용유

- **소스**

  데리야키 소스 1/2컵(200쪽)
  물 1/3컵
  전분물 2큰술(전분:물 1:2)

- **삼치 밑간**

  맛술 1큰술, 소금, 후추

1. 양파는 가늘게 채 썰고, 쪽파는 0.5cm 길이로 썰어 반 줌 정도 준비한다. 삼치는 맛술 1큰술과 소금, 후추로 밑간한다. 밑간한 삼치는 물기를 제거하고 반으로 잘라 밀가루나 튀김가루를 묻힌다.
2. 팬에 식용유를 넉넉히 두르고 중불에서 삼치를 앞뒤로 노릇하게 튀기듯 구워준다.
3. 다른 작은 팬을 준비한다. 데리야키 소스와 물, 양파를 넣고 중약불에서 끓인다. 끓어오르면 전분물 2큰술을 넣어 농도를 걸쭉하게 맞춘다.
4. 삼치 위에 소스를 붓고 쪽파로 마무리한다.

+ 생선을 구울 때는 지방 성분이 많은 껍질 쪽부터 구워야 바삭한 식감을 더할 수 있어요. 약 70% 정도 익힌 후 뒤집어 주세요.

이보다 쉬울 순 없다! 꽁치통조림 김치찌개

● **재료**(3인분)

꽁치통조림 1캔
신김치 1/4포기
두부 1/2모
식용유 3큰술
양파 1/2
대파 1/2
홍고추나 청양고추 1개
물 1캔

● **양념**

고춧가루 2큰술
된장 1/4큰술
다진 마늘 1큰술
원당 1/3큰술
후추

1 김치는 속을 대충 털어내고, 두부와 함께 먹기 좋게 썬다. 양파는 굵게 채 썰고, 대파와 고추는 어슷하게 썬다.

2 냄비에 식용유를 두르고 김치를 넣어 중불에서 달달 볶는다. 김치가 흐느적하게 숨이 죽으면 꽁치 한 캔을 국물까지 모두 붓고 물을 한 캔 넣는다.

3 양파와 분량의 양념을 넣고 중강불에서 10분 정도 끓인다.

4 두부와 대파, 고추를 넣고 약불에서 5분간 더 끓이고 후추로 마무리한다.

+ 통조림 캔에 물을 담아 1캔이면 돼요.

간이 부족하면 김칫국물이나 소금을 추가하세요.

3~5월 봄 암꽃게, 추석 전후 가을 수꽃게, 6~8월은 금어기

생선가게 비밀 레시피, 끓이지 않는 초간단 간장게장

- **재료**(4인분)

  냉동꽃게 1kg
  양파 1개
  통마늘 5개
  생강가루 0.5 티스푼
  청양고추 2개
  홍고추 2개
  레몬 3조각(생략 가능)

- **소스**

  간장 2컵 반
  매실음료 3컵 2/3
  맛술 또는 소주 0.5컵

이참에 제대로 알아보는 게장용 냉동꽃게 손질법

1. 냉동꽃게는 냉장실로 옮겨 12시간 정도 두거나 찬물에 10분 담가 해동한다. 해동된 꽃게는 솔을 이용해 구석구석 닦는다.
2. 배딱지를 열어 게의 배설물을 손으로 쭉 짜내고, 안쪽도 꼼꼼히 닦아준다.
3. 살이 없는 다리 끝부분은 가위로 자르고, 체에 밭쳐 물기를 빼준다.
4. 양파는 네모 모양으로, 마늘은 편으로, 고추는 송송 썰고, 레몬은 3조각 준비한다.
5. 통에 게 등딱지가 바닥 쪽으로 가게 비스듬히 뉘어 담고, 분량의 소스를 붓는다.
6. 소스에 생강가루와 채소를 넣고, 레몬 3조각을 올린다. 냉장고에 넣어 2~3일 숙성한 후 먹는다.

+ 생강가루 대신 생강청을 넣어도 돼요.
+ 설탕을 줄인 로우슈거 제품 말고 일반 매실음료를 사용해야 해요.

Q 왜 냉동꽃게를?

냉동꽃게라고 걱정할 필요 없어요. 살아있는 상태로 급속 냉동한 거라 살도 단단하고 수율도 좋거든요. 생꽃게보다 저렴하고, 사계절 내내 맛있게 먹을 수 있습니다. 물론 생꽃게로 하면 더 좋지요.

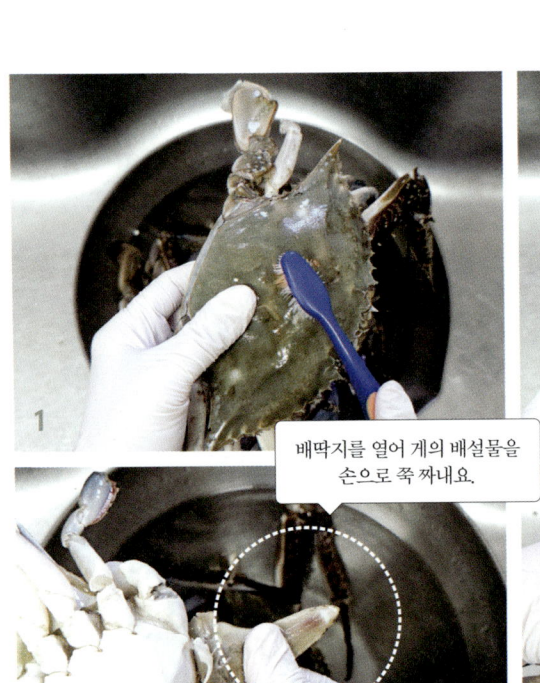
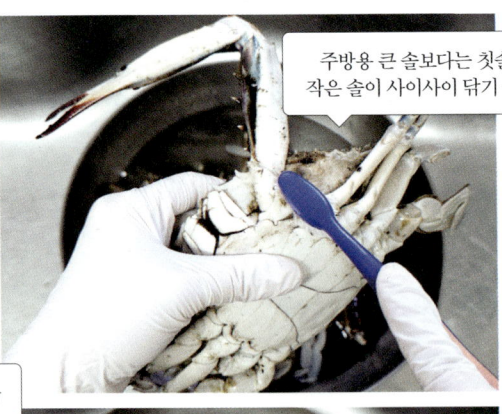

주방용 큰 솔보다는 칫솔같이 작은 솔이 사이사이 닦기 좋아요.

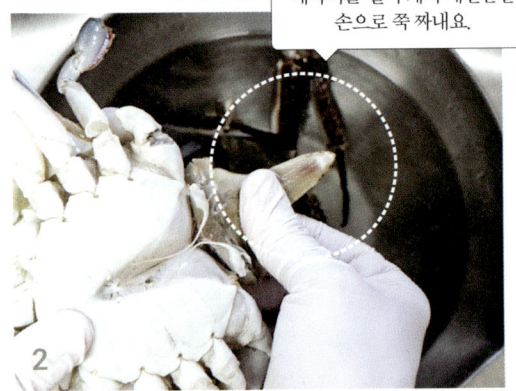

배딱지를 열어 게의 배설물을 손으로 쭉 짜내요.

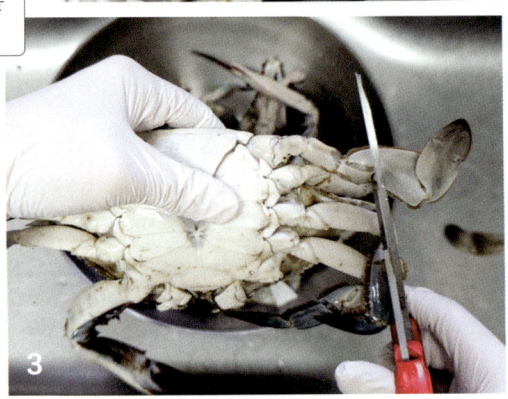

등딱지가 바닥으로 가도록 비스듬하게 넣기

하루 지난 뒤 양념이 골고루 배도록 한 번 뒤집어주세요.

냉동꽃게 맞아? 비린내 제로 꽃게탕

3~5월 봄 암꽃게, 추석 전후 가을 수꽃게, 6~8월은 금어기

재료(2~3인분)

냉동꽃게 500g(2마리)
무 150g
양파, 대파 1/2
팽이버섯 1/2봉
쑥갓 한 줌
고추 또는 청양고추 2개
다시육수 900㎖

양념

고춧가루 2큰술
된장 1큰술
고추장 0.5큰술
참치액 또는 까나리액젓 1큰술
맛술 1큰술
다진 마늘 듬뿍 1큰술
생강가루, 후추 약간

이참에 제대로 알아보는 탕용 꽃게 손질법

1. 냉동꽃게라면 냉장실로 옮겨 12시간 정도 두거나 찬물에 10분 담가 해동한다. 솔을 이용해 등껍질과 다리 사이를 꼼꼼하게 닦는다.
2. 삼각형 모양인 배딱지를 뜯어낸 다음 솔로 깨끗이 닦는다.
3. 배딱지와 배 사이에 손가락을 넣어 벌려서 게딱지를 뜯어내고, 아가미와 입 부분(모래주머니)을 제거한다.
4. 다리 끝부분을 가위로 자르고, 몸통 부분은 크기에 따라 2~4등분한다.

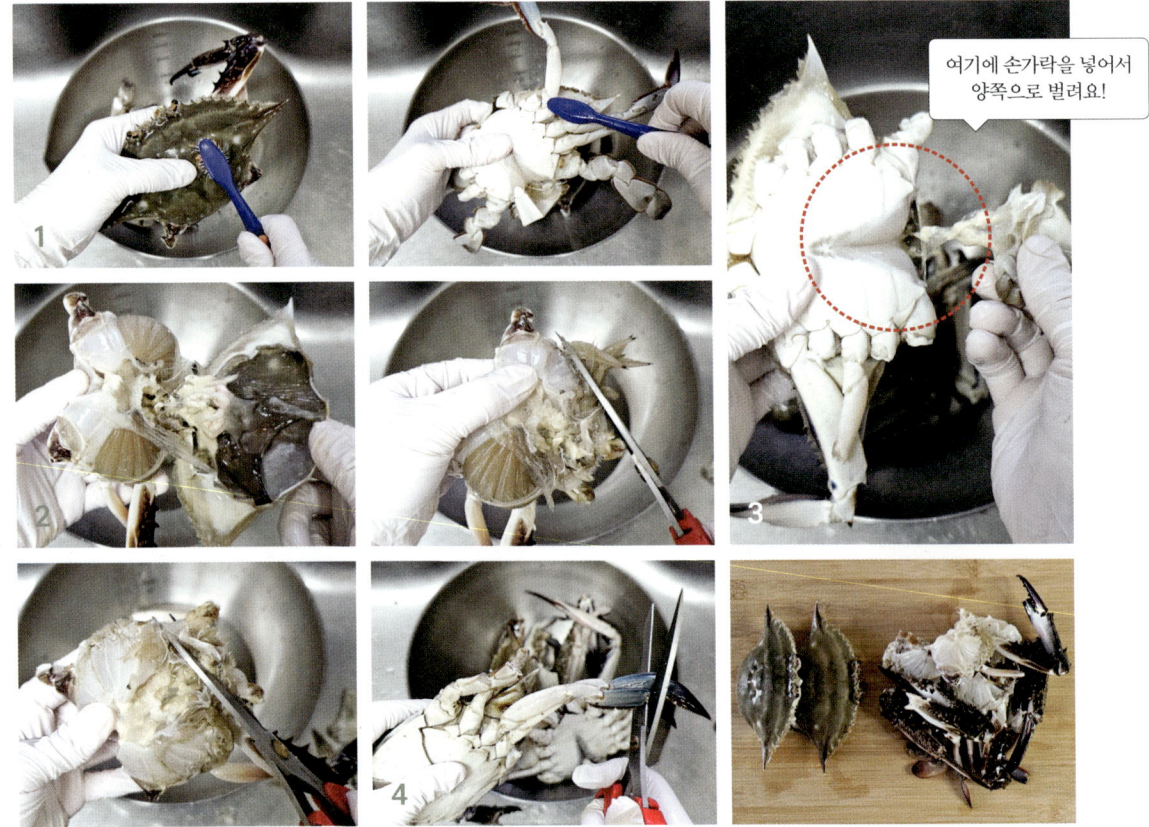

여기에 손가락을 넣어서 양쪽으로 벌려요!

5 무는 부채꼴 모양으로 0.5cm 두께, 양파는 두껍게 채 썬다. 대파와 고추는 어슷하게 썬다. 팽이버섯은 밑동을 자르고, 쑥갓은 한 줌 정도 준비한다.

6 분량의 양념장을 준비한다. 냄비에 무와 육수를 넣고 뚜껑을 덮어 무가 거의 익을 때까지 중강불에서 끓인다.

7 무가 거의 익으면 양념과 손질한 꽃게를 넣고 중불에서 10분 정도 더 끓인다.

8 국물에 꽃게 맛이 잘 배어들면 채소를 넣고 한소끔 더 끓이고 후추로 마무리한다.

중간중간 거품을 걷어내고, 등딱지는 중간에 건져내도 됩니다.

해물 요리

평생 써먹는 포장마차 홍합탕

> 홍합 10~12월

• **재료**(2~3인분)

홍합 700g
대파 1/2
통마늘 3쪽
홍고추나 청양고추 2개
물 600㎖

• **양념**

식초 1큰술
소금 1티스푼
후추

이참에 제대로 배워보는 홍합 손질법

1. 홍합은 솔로 껍데기를 문질러 이물질을 떼어내고, 홍합끼리 바락바락 비비면서 3번 이상 씻는다.

2. 마늘은 편으로 썰고 대파와 고추는 어슷하게 썬다. 냄비에 홍합을 넣고 물은 홍합이 잠기지 않을 정도로 자작하게 붓는다. 대파와 마늘 고추를 넣는다.

3. 중간중간 거품을 걷어주며 강불에서 팔팔 끓인다. 끓어오르면 식초 한 큰술과 소금으로 간을 맞춘다. 후추를 뿌리고 불을 끈다.

+ 홍합 한두 개가 입을 벌리면 다 익은 거예요.
  오래 끓이면 알이 작고 질겨져요.
+ 식초를 넣으면 국물이 더 뽀얘지고 감칠맛이 돌아요.

홍합 밖으로 삐져나온 족사는 손으로 잡아당겨 떼어주세요.

물이 많으면 너무 싱거워져요. 자작하게만!

묘식당 Pick!

> 만능소스 활용

지중해식 토마토 바지락 샐러드

● 재료(2인분)

바지락 400g
방울토마토 7~10개
양파, 오이, 파프리카 각 1/4개
통마늘 3개
레몬 1조각(생략 가능)
물 1컵
올리브유 2~3큰술
소금, 후추

● 소스

샐러드 기본 드레싱(30쪽)
바지락 삶은 물 1/2컵
허브솔트 약간(없으면 소금, 후추)

1. 방울토마토는 반으로 자른다. 마늘은 편으로, 양파, 오이, 파프리카는 0.5cm 크기로 자른다.
2. 팬에 올리브유를 두르고 바지락, 토마토, 마늘을 넣어 강불에서 1~2분 볶는다.
3. 바지락이 입을 열기 시작하면 물 한 컵에 소금, 후추 한 꼬집을 넣고 끓인다.
4. 바지락이 모두 입을 열면 체에 건진다. 건더기와 국물을 분리해 냉장고에 넣어 식힌다.
5. 기본 드레싱에 식힌 육수 반 컵과 파프리카, 오이, 양파를 넣는다. 허브솔트나 소금, 후추로 간을 맞춰 소스를 만든다.
6. 접시에 차갑게 식힌 바지락을 소복하게 담고 소스를 골고루 뿌린다. 토마토와 레몬 등으로 장식한다.

+ 기본 드레싱은 올리브유:레몬즙:꿀 4:3:2, 소금, 후추 두 꼬집

오늘은 유럽 맛! 스페인 해산물 빠에야

> 만능소스 활용

- **재료**(2인분)

  쌀 250g(1컵 반)
  다시육수 또는 물 1컵(26쪽)
  바지락 200g
  새우 200g(다른 해물로 대체 가능)
  양파, 파프리카 1/2
  통마늘 4~5개
  쪽파 한 줌
  레몬 한 조각(옵션)
  올리브유 5큰술

- **양념**

  만능 토마토소스 1/2컵
  고운 고춧가루 1큰술
  강황가루 또는 카레가루 1/2큰술

1. 쌀은 물에 30분 이상 충분히 불린다. 양파와 파프리카는 1cm 크기로 썰고, 마늘은 편으로, 쪽파는 잘게 썰어 준비한다. 바지락은 씻어서 준비하고, 새우는 맛술과 소금, 후추로 밑간한다.
2. 팬에 올리브유를 두르고 불린 쌀이 반쯤 투명해질 때까지 중불에서 볶는다.
3. 양파, 마늘, 분량의 양념을 넣고 볶다가 쌀이 꼬들꼬들한 식감이 되면 밥을 평평하게 편다.
4. 다시육수 1컵을 빙 둘러 가며 붓고, 바지락과 새우, 파프리카를 올린다. 뚜껑을 덮어 가장 약불에서 10분 익히고, 불을 끈 다음 5~10분 뜸을 들인다. 마지막으로 쪽파와 레몬 슬라이스를 올려 마무리한다.

+ 토마토소스는 시판 토마토소스나 파스타 소스를 사용해도 돼요.
+ 새우 밑간은 맛술 1큰술, 소금, 후추로 해요.

만능소스 활용

고급 중식당 부럽지 않은 해물 짜장

● **재료**(1~2인분)

생면 1인분
새우, 오징어, 홍합 각 100g
오이, 옥수수콘(장식용)
소금, 후추 한두 꼬집

● **소스**

만능 짜장 소스 2컵
대파 흰 부분 한 뼘 정도
통마늘 5개
식용유 3큰술

1. 새우, 오징어, 홍합은 같은 양으로 준비한다. 파는 잘게 썰고 마늘은 편으로 썬다. 생면 1인분을 삶아서 찬물에 얼른 헹궈 물기를 빼준다.
2. 팬에 식용유를 두르고 중불에서 파와 마늘을 먼저 볶는다. 파 향이 올라오면 해물을 넣고 소금과 후추 한두 꼬집을 넣어 볶는다.
3. 홍합이 입을 벌리기 시작하면 만능 짜장 소스를 넣고 강불에서 1~2분간 볶는다. 삶아둔 면 넣고 잠시 더 볶는다.

+ 해물은 냉동 해물믹스로 대체할 수 있어요.

나중에 한 번 더 볶을 거라 90% 정도만 익혀요.

지갑 눈치 볼 필요 없는 크림새우

재료 (2~3인분)

새우 200g
양상추 한 줌
쌀종이 10장
빵가루
식용유
파슬리가루 약간
레몬 1조각

소스

마요네즈 듬뿍 4큰술
꿀 또는 올리고당 2큰술
레몬즙 또는 화이트 발사믹 식초 2큰술
소금, 후추 한 꼬집

1. 새우는 맛술 1큰술, 소금, 후추 한 꼬집을 뿌려 밑간한다. 양상추는 한 줌 씻어서 물기를 빼준다. 쌀종이는 반으로 잘라둔다.
2. 쌀종이를 물에 적셔 도마 위에 올린다. 새우를 넣고 말아준 후 겉에 빵가루를 묻힌다.
3. 팬에 식용유를 넉넉히 두르고 새우를 앞뒤로 노릇하게 튀겨 한 김 식힌다.
4. 분량의 재료를 섞어 소스를 만든다. 접시에 양상추 깔고 새우를 올린 뒤, 소스 뿌리고 파슬리가루와 레몬으로 마무리한다.

+ 새우 밑간은 맛술 1큰술, 소금, 후추로 해요.

묘식당 Pick!

새우를 가운데 올리고 양옆을 새우 위로 접은 후 위아래를 접으면 끝!

빵가루를 묻히면 달라붙지 않아요.

해물 요리

오늘은 태국 맛! 태국식 크래미 커리

● **재료**(2인분)

크래미 100g
양파 1/2개
홍고추 1개
청양고추 1개
통마늘 5개
튀김가루 1큰술
식용유 5큰술

● **소스**

우유 400㎖
카레가루 2큰술
원당 1큰술
까나리액젓 1큰술
달걀 2개
후추

1. 크래미는 잘게 찢어 튀김가루에 버무린다. 양파는 가늘게 채 썰고, 고추는 잘게 다지고, 마늘은 편으로 썬다.
2. 분량의 양념을 섞어 소스를 만들어둔다.
3. 팬에 식용유 넉넉히 두르고 크래미, 양파, 마늘을 중불에서 노릇하게 볶는다.
4. 볶은 재료에 소스 붓고 걸쭉해질 때까지 끓이다가 다진 고추를 넣고 불을 끈다.

+ 튀김가루는 부침가루 또는 밀가루로 대체해도 돼요.
+ 까나리액젓은 멸치액젓으로 대체할 수 있어요.

달걀을 먼저 풀고 재료들을 넣으면 곱게 잘 섞여요.

밥이나 빵이랑 함께 드세요.

봄비 오시는 날에는 미나리 건새우 부침개

> 미나리 3~4월

● **재료**(1~2인분)

미나리 100g
부침가루 2/3컵
탄산수 1컵
건새우 1/2컵
홍고추 2개
식용유 넉넉히

● **간장소스**

간장 1큰술
물 2큰술
매실액 0.5큰술
식초 두 방울

1. 미나리는 5cm 길이로 자르고, 건새우는 칼을 이용해 잘게 다진다. 홍고추는 송송 썬다.
2. 부침가루에 차가운 탄산수를 부어 반죽을 만들고 미나리를 넣어 대충 섞는다.
3. 팬에 식용유를 넉넉히 두르고 반죽을 넓고 얇게 펴준다. 다진 건새우와 홍고추 올려서 중불에서 앞뒤로 노릇하게 굽는다.

+ 탄산수는 물로 대체해도 돼요.
+ 부침가루는 그저 재료를 섞는 용도로만 조금 쓰면 됩니다.

물 대신 차가운 탄산수를 넣으면 반죽이 더 바삭해져요.

식용유를 넉넉히 넣고 튀기듯 부쳐야 더 바삭하고 고소해요.

그거 말고 이번 명절엔 새우전

● **재료**(4인분)

새우 300g
둥근 어묵 4개
쪽파 한 줌 20g
청고추, 홍고추 각각 1개
당근 1/3
감자 전분 2큰술
부침가루 2큰술
식용유

● **새우 밑간**

맛술 1큰술, 소금, 후추

● **달걀물**

달걀 2개
소금, 후추 한 꼬집

+ 어묵 없이 짤주머니에서 바로 짜서 새우살만 구워도 맛있어요.

1. 새우는 맛술, 소금, 후추로 밑간한다. 당근, 고추는 큼직하게 썰고, 쪽파는 잘게 썬다.
2. 초퍼에 새우, 당근, 고추를 넣고 다지기 기능으로 다진다. 여기에 잘게 썬 쪽파, 전분가루, 소금, 후추 한 꼬집을 넣어 잘 섞는다.
3. 둥근 어묵을 반으로 잘라 봉지에 넣는다. 부침가루 2큰술을 넣은 후 골고루 흔들어 가루를 묻힌다.
4. 새우살을 짤주머니나 비닐백에 넣어 모서리를 자른 뒤 어묵 홈에 길게 짠다.
5. 달걀에 소금, 후추 한 꼬집을 넣고 잘 풀어 달걀물을 만든다.
6. 프라이팬에 식용유를 넉넉히 두른다. 어묵을 달걀물에 담갔다 꺼낸 후 중불에서 앞뒤로 노릇노릇하게 굽는다.

묘식당 Pick!

해물 요리

젓가락 바빠지는 오징어 김치부침개

● **재료**(4인분)

신김치 잘게 썰어 1컵
오징어 잘게 썰어 1컵
식용유

● **반죽**

부침가루 1.5컵
물 1.5컵
고추장 0.3큰술
원당 0.5큰술

1. 김치와 오징어는 잘게 송송 썰어 준비한다.
2. 볼에 부침가루와 물, 고추장과 원당을 넣어 잘 섞는다. 김치와 오징어를 넣어 한 번 더 섞어준다.
3. 팬에 식용유를 넉넉히 두르고, 반죽을 한 큰술씩 떠서 중불에서 앞뒤로 노릇하게 익힌다.

+ 원당이나 설탕을 약간 넣으면 김치의 신맛을 중화시켜요.

Chapter 6

냉장고 속 묵은 재료 부활 요리

"이거, 왜 여기서 나와?"

남은 음식이나 식재료를 냉동실에서 '발굴'해 본 적 한 번씩은 다 있죠?
버리기 아까워서 일단 냉장고에 넣었다가 잊어버리기 일쑤예요.
이번에는 냉장고 속 처치 곤란 재료를 활용해 새롭게 재탄생시키는 방법을 알아볼게요.
냉동실에 넣었을 때 안심하고 먹을 수 있는 보관 기간을 먼저 보고 시작하는데,
이 기간이 넘었다면 아깝지만 버려야 해요.

> 살림팁

식단 짤 때 참고하세요!

육해공 재료별 냉동실 보관기간

냉동실에 둔다고 무조건 안전하지 않다는 건 알아요.
하지만 정확히 얼마나 둘 수 있는지는 확실하지 않아서 항상 고민하게 되잖아요.
헷갈릴 때 참고하세요.

어패류

기름기 많은 생선(연어) 2~3개월
길고 가느다란 생선(갈치) 6개월
오징어, 새우 3~6개월
바지락, 홍합 조개류 2~3개월
꽃게 갑각류 최대 10개월
건어물 최대 6개월
개봉한 생선 통조림 15일

육류

소고기 3~4개월
햄 베이컨 2개월
돼지고기 2~4개월
닭가슴살 9개월
닭튀김, 프라이드 치킨 최대 4개월
치킨너깃 3개월
냉동만두 개봉 전 1년, 개봉 후 1달

과일·야채

냉동과일, 냉동야채 오픈 전 최대 6개월, 개봉 후 6주
손질 파, 고추 6~8개월
손질 브로콜리, 버섯 2개월

빵·간식

치즈 9개월
버터 개봉 전 2년, 개봉 후 1년
식빵, 베이글 1개월
견과류 2년
떡 6개월

묵은 김이 울고 있다 – 김무침 & 김냉국

● **재료**

김 4~5장
오이 1개
양파 1/2개
청양고추, 홍고추 1개

● **양념**

국간장 2큰술
원당 1큰술
매실액 1큰술
식초 3큰술
다진 마늘 1/3큰술
참깨 1~2큰술

● **김냉국 추가 재료**

냉침육수 800㎖
소금 약간

+ 냉동실에 오래 둔 묵은 김은 눅눅해지거나 냉장고 냄새가 배어 있잖아요. 기름을 두르지 않은 프라이팬에 앞뒤로 빠삭하게 구워 사용하면 좋아요.

김무침

1. 오이와 양파는 가늘게 채 썰고 고추는 송송 썬다.
2. 볼에 오이와 양파 넣고 분량의 양념에 무쳐 잠시 간이 배게 놓아둔다.
3. 묵은 김은 빠삭하게 구워 가위로 가늘게 자른다.
4. 간이 밴 오이양파 무침에 간 깨와 김을 넣고 골고루 버무리면 김무침 완성!

김냉국

5. 앞에서 만든 김무침에 다시육수를 붓는다. 송송 썬 고추를 올리고 소금 간만 추가하면 끝! 얼음까지 동동 띄워주면 한여름에도 시원하게 즐길 수 있는 김냉국 완성!

김무침

묵은 김은 먼저
빠삭하게 구워요.

김냉국

식빵이 냉동실 미라가 되고 있다 – 대파계란빵

• **재료**(2인분)

냉동실 식빵 또는 모닝빵, 바게트 등 100g
대파 1/2대
달걀 4개
식용유 2~3큰술
슈거파우더나 메이플시럽(생략 가능)

• **달걀 밑간**

원당 0.5큰술
맛술 1큰술
소금, 후추
우유 3큰술

1 빵을 냉동실에서 꺼내 얼어있는 그대로 2cm 크기로 깍둑썰기한다. 대파는 세로로 반을 갈라서 잘게 썬다.

2 달걀에 소금, 후추, 원당, 맛술을 넣고 부드러운 맛을 추가하기 위해 우유를 섞어 곱게 푼다. 식빵에 다진 파와 달걀물을 넣고 잘 섞는다.

3 팬에 식용유 두른다. 반죽을 넓고 두툼하게 편 다음 약불에서 천천히 익힌다.

4 밑면이 노릇노릇해지면 뒤집는다. 뒤집개로 살짝 눌러주고 뚜껑을 덮어 1~2분 더 익힌다.

+ 기호에 따라 슈거파우더나 메이플시럽을 살짝 뿌려주세요.

냉장고 속 묵은 재료 부활 요리

떡국떡이 남아돈다 - 크림파스타

● **재료**(2인분)

떡국떡 한 줌 200g
우유 300㎖
마늘 4쪽
양파 1/2개
브로콜리 한 줌 50g
베이컨 2장
체더치즈 2장
굴소스 1/2 큰술
소금, 후추 한 꼬집
파슬리가루
올리브유 3큰술

1 냉동된 떡은 미리 찬물에 담가 해동한다. 양파는 깍둑썰기하고, 브로콜리는 반입 크기, 마늘은 편으로 썬다. 베이컨은 2cm 간격으로 썬다.
2 팬에 올리브유를 두르고 중불에서 마늘과 양파 먼저 볶는다.
3 양파가 반쯤 투명해지면 브로콜리와 베이컨을 넣고 1분쯤 볶다가 우유를 붓고 끓인다. 우유가 끓기 시작하면 떡국떡을 넣고 굴소스와 소금, 후추로 간을 맞춘다.
4 우유가 끓어오르면 불은 줄이고 치즈를 넣어 원하는 농도로 맞춘 후 파슬리가루로 마무리한다.

+ 베이컨 대신 햄을 넣어도 돼요.
+ 체더치즈가 없으면 모차렐라 한 줌으로 대체할 수 있어요.
+ 우유 대신 생크림을 사용하면 더 고소해요.

냉장고 속 묵은 재료 부활 요리

찬밥이 남아돈다 - 냉동밥 누룽지 피자

만능소스 활용

● 재료

냉동밥이나 찬밥 1공기 반
토마토 만능소스 2~3큰술(32쪽)
양파 1/2
파프리카 1/2
베이컨 2줄
올리브유 3큰술
모차렐라 치즈 한 컵

● 양념

소금, 후추 두 꼬집
파슬리가루 약간
방울토마토 2~3개(생략 가능)

1. 양파, 파프리카, 베이컨은 1cm 크기로 잘게 썬다.
2. 팬에 올리브유를 두른다. 양파, 파프리카, 베이컨을 넣고 소금과 후추로 간한 후 중불에서 1~2분 볶은 후 접시에 덜어둔다.
3. 그 팬에 그대로 찬밥이나 해동한 밥을 꼭꼭 눌러 납작하게 깔아준다. 밥 위에 토마토소스, 모차렐라 치즈, 볶은 재료를 차례대로 넓고 얇게 펴준다. 뚜껑 덮고 약불에서 7~8분 익힌다.
4. 먹기 좋게 잘라서 슈레드 치즈와 파슬리가루를 뿌려 마무리한다.

+ 시판 토마토소스로 대체해도 돼요.

밥이 딱딱해서 잘 안 펴지면 살짝 물을 묻혀가며 해보세요.

냉장고 속 묵은 재료 부활 요리

냉동만두가 남아돈다 – 냉동만두 부리토

● **재료**

냉동만두 5~10개(납작만두는 2개씩 넣기)
또띠아 5장
상추 10장
파프리카 1개

● **소스**

마요네즈 4큰술
꿀 2큰술
홀그레인 머스터드 1큰술

1. 냉동만두는 찜기에서 찌거나 에어프라이어에 7~8분 돌려 바삭하게 굽는다. 상추나 양상추 씻어서 준비하고 파프리카 한 개 분량은 가늘게 채 썬다.

2. 분량의 재료를 섞어 소스를 준비한다. 또띠아 위에 소스를 바른다. 그 위에 상추와 채소, 만두를 올린 뒤 잘 말아준다. 반으로 자르거나 그대로 통에 담아 도시락으로 싸도 좋고, 브런치나 간식으로도 좋다.

+ 바로 먹을 때는 그냥 하나 들고 먹어도 좋고 도시락으로 싸간다면 랩으로 말아주세요.

오이나 당근 등 원하는 채소는 무엇이든 좋아요.

우유가 남아돈다 - 전기밥솥 그릭요거트

● **재료**

흰 우유 2리터
농후발효유 2병

1. 우유와 농후발효유는 실온에 1시간 정도 꺼내두어 냉기를 빼준다. 밥솥에 우유와 농후발효유를 넣고 잘 섞어준다.
2. 밥솥에 넣은 다음 뚜껑을 닫는다. 전원을 켜고 보온 버튼을 누른 뒤 1시간 그대로 둔다.
3. 1시간 후 취소 버튼만 누른다. 11~12시간 동안 움직이지 말고 그대로 둔다.
4. 12시간 후 요거트가 만들어지면 반은 통에 담아 일반 요거트로 먹고, 반은 면포에 걸러 유청을 분리한다. 면포에 싸서 냉장고에 두었다가 통에 옮겨 먹으면 된다.

Q 농후발효유가 뭐예요?

불가리스, 액티비아처럼 우유에 젖산균을 넣어서 발효시킨 거예요. 유가공품이 8% 이상 들어가 있는 제품을 말해요.

Q 만들 때 나오는 유청은 버리나요?

분리된 유청은 스무디나 셰이크를 만들 때 섞기도 하고, 베이킹할 때 물이나 우유 대신 사용하기도 해요. 또 리코타 치즈를 만들 수도 있어요.

이때 뚜껑을 열어 확인하지 마세요.
또 절대로 전원 코드를 뽑거나 끄지 말아야 해요.
코드를 뽑으면 온도가 급격히 내려가
요거트가 안 만들어져요.

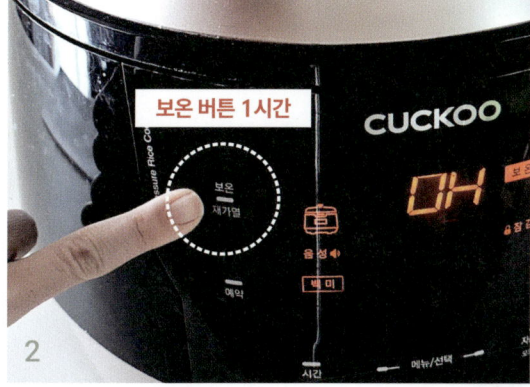

보온 버튼 1시간

취소 버튼 12시간

유청이 분리되는 시간이 오래 걸려요.
저녁에 냉장고에 넣었다면
다음 날 아침에 먹을 수 있어요.

냉장고에서 갓 꺼낸
차가운 우유보다
실온과 비슷한 우유가
더 잘 돼요.

냉장고 속 묵은 재료 부활 요리

냉동과일이 남아돈다 – 끓이지 않는 과일청, 전기밥솥 잼

- **재료**

  냉동딸기 500g
  원당 250g
  레몬즙 1큰술
  소금 두 꼬집

끓이지 않는 딸기청

1. 딸기는 실온에서 해동 후 손으로 으깨거나 냉동 상태 그대로 초퍼를 이용해서 입자가 살아있게 다진다.
2. 으깬 딸기에 분량의 원당과 레몬즙, 소금을 넣고 잘 섞어 소독한 병에 담아 냉장보관한다.

+ 이렇게 만들면 끓이지 않은 상태라 2주 이내로 먹어야 해요.
  더 오래 두고 먹으려면 끓여서 식힌 후 보관하세요.
+ 원당은 스테비아나 설탕으로 대체 가능

소금을 넣으면 재료 본연의 단맛이 더 올라와요.

기호에 따라 우유나 요거트에 섞어 먹어요.

• 재료

냉동딸기 500g
원당 300g
레몬즙 1큰술
소금 두 꼬집

전기밥솥 딸기잼

1. 딸기는 실온에서 해동한 다음 손으로 곱게 으깬다. 냉동된 상태 그대로 블렌더 다지기 기능으로 다져도 된다. 단, 입자가 살아있게 다져야 한다.
2. 으깬 딸기를 전기밥솥에 넣고 원당을 넣는다. 뚜껑을 연 상태에서 레버를 '잠금'으로 돌린 후 뚜껑을 연 채로 취사를 누른다.
3. 딸기가 끓기 시작하면 눌어붙지 않게 잘 저어준 다음, 옆면과 위에 뜨는 거품은 제거한다.
4. 국물이 반쯤 줄어들면 레몬즙과 소금을 넣고 조금 더 끓인다. 찬물에 한두 방울 떨어뜨려서 퍼지지 않고 가라앉으면 전원을 끈다.
5. 소독된 병에 담아 식힌 후 냉장보관한다. 빵에 곁들여 즐긴다.

+ 장기 보관할 거라면 원당이 원물의 60% 이상은 되어야 보관에 문제가 없어요.

'잠금' 상태에서
뚜껑을 열고 '취사'

Q 뚜껑을 연 채로 만드는 이유가 뭔가요?

뚜껑을 연 채로 끓여야 넘치지 않고 수분을 날릴 수 있어요. 또 레버를 '잠금'으로 돌리지 않으면 취사가 안 눌러져서 잠금으로 놓는 거랍니다.

거품을 제거해야 맛도
색감도 깔끔해요.

소금을 넣으면 재료
본연의 단맛이 더 올라와요.

명절에 온 가족이 둘러앉아 만두를 빚고 나면 꼭 만두피가 남았어요.
나중에 쓰겠지, 하고 냉장고에 넣어두어도 막상 쓸 일이 없더라고요.
언젠가 이걸로 중국식 간식인 대파빵을 만들었더니 남편도 잘 먹고,
또 제 SNS에서도 인기가 많았어요. 남은 만두피 고민은 이제 끝!
고소하고 향긋한 만두피 대파빵을 만들어 보세요.

만두피가 울고 있다 – 대파빵

● **재료**

만두피 12장
대파 1/2개
식용유 3~5큰술

● **대파소 양념**

원당 또는 흑설탕 1/2큰술
소금 0.3티스푼, 후추 약간, 통깨 1큰술

1. 대파 1/2개는 잘게 송송 썬다. 다진 대파에 원당, 소금, 후추, 통깨를 넣고 잘 섞어 대파소를 만든다.
2. 만두피 3장에 대파소를 티스푼으로 하나 올려 넓고 얇게 편 뒤, 그 위를 만두피 3장으로 덮는다.
3. 밀대로 납작하게 밀어 길게 돌돌 만다. 동그랗게 말아서 손바닥으로 지그시 한두 번 눌러 넓적하게 만든 후 밀대로 다시 납작하게 민다.
4. 프라이팬에 식용유를 두르고, 약불에서 천천히 앞뒤로 노릇하게 굽는다.

+ 흑설탕이 더 맛있어요.

묘식당 채널에 들어오면 책에 있는 요리 동영상을 보면서,
저자와 소통할 수 있어요.

묘식당의 신박한 가정간편식

2025년 6월 9일 초판 1쇄 인쇄
2025년 6월 16일 초판 1쇄 발행

지은이 | 이용경
펴낸이 | 이종춘
펴낸곳 | (주)첨단

주소 | 서울시 마포구 양화로 127 (서교동) 첨단빌딩 3층
전화 | 02-338-9151
팩스 | 02-338-9155
인터넷 홈페이지 | www.goldenowl.co.kr
출판등록 | 2000년 2월 15일 제2000-000035호

본부장 | 홍종훈
편집 | 주경숙, 박지아
표지 디자인 | 유어텍스트
본문 디자인 | 조수빈
전략마케팅 | 구본철, 차정욱, 오영일, 나진호, 강호묵
온라인 홍보마케팅 | 이지영
제작 | 김유석
경영지원 | 이금선, 최미숙

ISBN 978-89-6030-647-9 13590

- BM 황금부엉이는 (주)첨단의 단행본 출판 브랜드입니다.

- 값은 뒤표지에 있습니다. 잘못된 책은 구입하신 서점에서 바꾸어 드립니다.
- 이 책에 나오는 표현, 수식, 법령, 세법, 행정 절차, 예측 등은 오류가 있을 수 있습니다.
  저자와 출판사는 책의 내용에 대한 민/형사상 책임을 지지 않습니다.
- 이 책은 신저작권법에 의거해 한국 내에서 보호를 받는 저작물이므로 무단 전재 및 복제를 금합니다.

> 황금부엉이에서 출간하고 싶은 원고가 있으신가요? 생각해보신 책의 제목(가제), 내용에 대한 소개, 간단한 자기소개, 연락처를 book@goldenowl.co.kr 메일로 보내주세요. 집필하신 원고가 있다면 원고의 일부 또는 전체를 함께 보내주시면 더욱 좋습니다. 책의 집필이 아닌 기획안을 제안해주셔도 좋습니다. 보내주신 분이 저 자신이라는 마음으로 정성을 다해 검토하겠습니다.

Special thanks to _____

그릇 협찬 에라토
https://www.eratokorea.com
충북 청주시 서원구 현도면 죽암1길 8

간단하게,

맛있게,

신박하게